insel taschenbuch 2280
Erotische Lyrik der galanten Zeit

Erotische Lyrik
der galanten Zeit

Ausgewählt
und mit einem Nachwort versehen
von Hansjürgen Blinn
Insel Verlag

Umschlagabbildung: Charles-Joseph Natoire. Das Erwachen der Venus.
The Cummer Museum of Art and Gardens, Jacksonville/Superstock.

insel taschenbuch 2280
Erste Auflage 1999
Originalausgabe
© Insel Verlag Frankfurt am Main und Leipzig 1999
Alle Rechte vorbehalten
Vertrieb durch den Suhrkamp Taschenbuch Verlag
Umschlag nach Entwürfen von Willy Fleckhaus
Satz: Libro, Kriftel
Druck: Nomos Verlagsgesellschaft, Baden-Baden
Printed in Germany

1 2 3 4 5 6 – 04 03 02 01 00 99

INHALT

ɥ

Der ist geschossen im Gehirn,
Wer murrt und runzelt denn die Stirn,
Wenn Amor singt und Venus schlägt die Zither.

Caspar von Stieler

BENJAMIN NEUKIRCH

Climene, prüfe Fleisch und Blut
Und strafe meine Liebesglut
Nicht nach der Schwäche deiner Flammen;
Mein Feuer kommt aus Adams Schoß,
Darein der Himmel selber floß,
Wie kann dein menschlich Herz doch meine Glut
verdammen.

Du bist, wie Eva, Fleisch und Bein,
Drum kannst du auch kein Engel sein
Und außer Menschen dich verlieben,
Und das Gesetze der Natur,
Das mit dem Atem in uns fuhr,
Hat auch in deine Brust: seid fruchtbar, eingeschrieben.

Wer sich in stiller Glut verbrennt
Und Menschenliebe Sünde nennt,
Muß auch das Paradies verdammen;
Denn Evens weiße Marmelhaut
War kaum aus Knochen aufgebaut,
So fühlte Adams Herz schon süße Liebesflammen.

Climene, drum bedenke dich,
Du kannst hier ohne Dornenstich
Die schönsten Zuckerrosen brechen.
Ein Mensch muß wie die Ärzte sein
Und eher nicht von Todespein
Als von der Lebenskraft der starken Öle sprechen.

Schau, meine Seele schmilzt in mir,
Und alle Glieder folgen dir

13

Gleich wie die Blumen ihrer Sonnen;
Bist du mir nun mein Sonnenschein,
So laß mich deine Blume sein,
Bis meine Wurzel Grund in deinem Schoß gewonnen.

ANONYM

Die verliebte Sehnsucht

1

So kann ich länger doch nicht schweigen,
    Mein Herze nimmt die Sehnsucht ein,
Es will sich fast zum Tode neigen,
    Und länger nicht mehr meine sein,
Es sucht bei dir, mein Kind, sein halb verlornes Leben,
Ach! warum willst du es ihm doch nicht wiedergeben.

2

Man soll ja seinem Nächsten dienen
    In allem, was geschehen kann;
Und ziehen gleich die klugen Bienen
    Den Honig von den Rosen an,
So muß der Rose doch Geruch und Schönheit bleiben;
Der Ruhm besteht auf dem, was and're Leute gläuben.

3

Da wird, was öfters voller Flecken,
    Für rein und schöne doch geschätzt,
Und welche in der Hoheit stecken,
    Die werden unten angesetzt,
Was weiß der Pöbel denn, ob ich bei dir gewesen,
Weil man das Ding ja nicht kann auf der Stirne lesen.

Sucht ihm ein Storch zu seinen Zeiten
  Für Schnee und Kälte doch ein Loch;
So kannst du mir's nicht übel deuten,
  Ich suchte vor und suche noch,
Drum laß mich, liebstes Kind, nur endlich bei dir finden,
Die Höhle, die mein Herz vom Froste kann entbinden.

5

Und fürcht'st du etwan einen Schaden,
  Daß Früchte könnten d'raus entsteh'n,
Damit dein schöner Leib beladen,
  Alsdenn zu Winkel müßte geh'n,
So wird die schnöde Furcht durch dieses leicht verschwinden:
Wer vor dem Dorfe schießt, kann keine Scheun' anzünden.

ANONYM

Auf ihre Brüste

1

Wollenweiches Schwesterpaar!
Lilienweißer Honigbrüste!
  Wieg', in welcher Venus war!
Angenehmes Lieb'sgerüste!
  Halbverstecktes schönes Zwei!
Liebesschwang're Zuckerballen!
Lasset euch doch einst gefallen
  Treuer Seufzer Angstgeschrei.

2

Schau! ach schau! der Zuckerwest,
Der nun Ambra für die Winde
Aus den Liebesbergen bläst,
Bläst sie selber so geschwinde,
Weil du in der inner'n Brust
Mußt bereits das zarte Spielen
Herzlicher Begierde fühlen
Zu der frohen Liebeslust.

3

O du marmelweißer Schnee!
Laß die runden Ballen nieder!
Amor treib' sie in die Höh'!
Daß sie sich beküssen wieder,
Ihr! O mehr als Elfenbein!
Das Pygmalion belebet,
Ihr, o schönste Brüste! schwebet
Stets in Lust, stets ohne Pein.

ANONYM

Noch auf dieselben

1

Deine Brüste wollen zeigen,
Daß sie sind wie Fels und Stein,
Läßt du aber mich 'naufsteigen,
Brech' ich billig Arm und Bein,
Wenn ich nur, wo sie gespalten,
Mich darf nach dem Fall anhalten.

2

Gerne möcht' ich mich verirren
   Auch in deinem Rosental,
Sollt' ich gleich mein Bein verwirren
   Im Gesträuche tausendmal,
Aber darf ich, dies zu wagen,
In gehägtem Busche jagen.

3

Ach! ihr Lippen im Geblüte
   Der Verliebten eingetaucht!
Führt ihr reizend zu Gemüte,
   Was ihr zur Erquickung braucht,
Willst du, so will ich, mein Leben,
Dir die süße Nahrung geben.

GOTTLIEB SIEGMUND CORVINUS

Als er ihretwegen einen schweren Traum hatte

Laß mich schlafen, liebste Seele!
Willst du nicht zufrieden sein,
Daß ich mich am Tage quäle,
Und mein Herz viel tausend Pein
Deinetwegen muß ertragen?
Soll mich noch ein Schatten-Spiel
Mit verliebten Träumen plagen?
Engels-Kind! das ist zu viel.

Können doch verhaßte Sklaven,
Wenn das Schiff vor Anker liegt,

Bei der Nacht geruhig schlafen,
Ich allein schlaf' unvergnügt;
Auch die Nacht kann mich nicht schützen,
Denn mein Herz erfährt dabei,
Daß es muß erbärmlich schwitzen:
Tag und Nacht ist einerlei.

Wenn der überhäufte Kummer
Meinen schwachen Glieder-Rest
Ja zuletzt in einen Schlummer
Auf das Bette sinken läßt,
Schlaf' ich doch auf Jakobs Steinen,
Denn es wird mir bei der Nacht
Gleich was in dem Traum erscheinen,
Das sich Engeln ähnlich macht.

Ich darf zwar in Himmel steigen,
Welcher deine Schoß umschleußt,
Weil dein gütiges Bezeigen
Mir im Traum die Leiter weist,
Und genieße Zucker-Leben,
Das mir deine karge Hand
Nimmermehr wird wachend geben:
Denn du bist von Diamant.

Amor läßt mich träumend siegen,
Und ich seh' der Palmen Saat
Auf der weißen Walstatt liegen,
Die mein Arm erfochten hat:
Und bei meinem süßen Schlafen,
Wenn sich Mast und Segel regt,
Läuft mein Schiff in deinen Hafen,
Den die Venus angelegt.

Ich beschiff' bei Sturm und Blitzen
Deine neu-erfundne Welt,
Wenn die Wellen um mich spritzen,
Und der Schaum ins Bette fällt,
Länd' ich, eh' ich mich versehe,
Bei den Zucker-Inseln an,
So daß ich sie in der Nähe
Halb entzückt besteigen kann.

Wenn ich mich in Träumen paare,
Find' ich keinen Widerstand,
Den ich oft bei Tag erfahre,
Denn im Schlaf darf meine Hand
Nach den Purpurmuscheln greifen,
Die dein Ufer ausgesät,
Ja ich darf noch weiter streifen,
Weil mir alles offen steht.

Aber, ach! wenn ich erwachet,
Sinket mir mein steifer Mut:
Ob ich gleich im Schlaf gelachet,
Und es mir noch sanfte tut;
Läßt mich doch der Glaube lesen,
Der mir in die Hände kömmt,
Daß mich nur ein schäumicht' Wesen
Bei den Träumen überschwemmt.

Meine Glieder sind zerschlagen,
Und der ausgebroch'ne Schweiß
Stehet, daß ich's kaum mag sagen,
Auf dem Leibe tropfenweis:
Ich kann kaum die Lenden rühren,
Denn die Geister sind dahin,

Noch mich aus den Federn führen,
Weil ich matt und müde bin.

Drum so stelle, liebste Seele!
Künftighin dein Martern ein,
Da ich mich am Tage quäle,
Laß die Nächte meine sein.
Sich am bloßen Schatten laben,
Ist ein Eis, das bald zerbricht,
Was ich nicht kann wachend haben,
Mag ich auch im Schlafe nicht.

ANONYM

Die schlafende Rosette

1

Schläft meine Göttin hier in irdischer Gestalt
Und ruht daselbst, wo ich darf keine Ruhe hoffen?
Ist dieser kleine Platz ihr süßer Aufenthalt,
Von welcher Venus wird mit Anmut übertroffen?
Schließt dieses Bette
Die zarten Glieder ein?
Und will Rosette
Auch schlafende hier angebetet sein?

2

Ja, schlaf, Holdseligste, und gönne, daß ich dir
Den schuld'gen Opferdienst, auch wenn du schläfst, ablege;
Doch weil du göttlich bist, so schaff' auch, daß hinfür
Kein ärgerlicher Traum zu Zorne dich bewege.
Die Liebesgötter,

Zu denen man dich zählt,
Sind keine Spötter,
Wenn wider sie von Menschen wird gefehlt.

3

Wach aber endlich auch von deinem Schlafen auf
Und zeige wachend dich so niedlich als im Schlafe:
Doch nein, schlaf immerfort! Des strengen Himmels Lauf
Schließt dir die Augen selbst den meinigen zur Strafe;
Und deine Blicke,
Die geben zu verstehen,
Daß ich mein Glücke
Hinfort nicht als nur Schlafende soll sehn.

HEINRICH MÜHLPFORT

Fach, Amaranthe, deine Ballen
    Mit frischen Seufzern wieder auf;
Laß nicht die Bälge niederfallen,
    Flöß' Tau von deinen Lippen drauf:
Hüll' ihre Flammen
    In Scharlach ein,
Zwing' sie zusammen,
    Bis sie wie Stein
    Gebildet sein.

Die Brüste sind der Liebe Zunder,
    Wovon die Schönheit Nahrung nimmt.
Ein Stamm und Abgott aller Wunder,
    So blüht und Frucht zugleich bekömmt.
Des Tempels Kerzen
    Sind so gemacht,

Daß kalten Herzen
    Durch ihre Pracht
    Wird Glut beibracht.

Der Wangen bunte Zauberkünste
    Sind ohne Wirkung bei der Brust;
Die Achseln schimmern wie durch Dünste
    Und zähl'n mit Stirn und Kinn Verlust.
    Die Lippen welken
        Und siegen nicht,
    Wenn ihren Nelken
        Der Brüste Pflicht,
        Ein Hauch, gebricht.

Sagt, ob was Schöners wohl zu finden,
    Als wo sich Milch und Blut vermählt,
Und Perlen mit Korall verbinden,
    Wo Lust die hohlen Seufzer zählt.
    Cupidens Kriege
        Sind sonder Lust,
    Wenn seine Siege
        Der zarten Brust
        Nicht sind bewußt.

Ihr Zuckeräpfel aller Lüste,
    Entblößt den Marmel, den ihr hegt,
Weht Flor und Schleier weg, ihr Brüste,
    Weist, was der Strauch für Blumen trägt.
    Was stets entdecket,
        Ist nur gemein;
    Was ihr verstecket,
        Kann ohne Schein
        Und Wert nicht sein.

Ihr Felsen jauchzet, weil die Liebe
  An euch die güldnen Pfeile wetzt,
Den Himmel macht kein Nebel trübe,
  An den zwei Monde sind gesetzt.
    Lilie und Rubinen
      Sind Sterne hier,
    Doch strahlt vor ihnen
      Des Kranzes Zier,
      Die Sonn' an dir.

Von Blumen, die die Wespe lecket,
  Trägt keine Biene Honig ein,
Und was nach fremden Küssen schmecket,
  Kann kein Altar der Liebe sein;
    Der Brüste Spiegel
      Macht im Gesicht,
    Daß alle Riegel
      Der Zucht durchbricht,
      Gar leicht zunicht.

Du Milchbrunn süßer Anmutstriebe;
  Berg, der mit Flammen um sich schlägt;
Du Zauberkreis der grimmen Liebe;
  Sarg, der des Buhlers Freiheit trägt;
    Ihr Purpurlippen
      Und Brust, wohlan!
    An euren Klippen
      Fährt jetzt mein Kahn
      Der Wollust an.

Hüll', Amaranthe, nur die Schätze
  In Würmgespinste wieder ein,
Zeig' ihnen der Natur Gesetze,

Daß nur *ein* Pfleger könne sein.
Halt sie verhohlen,
Bis sie begehrt,
Der ihre Kohlen
Durch Ambra nährt
Und dich mit ehrt.

ANONYM

An die Nacht

1

Komm, schwarze Nacht! umhülle mich mit Schatten,
Dein Flor beziehe meines Purpurs Glanz,
Weil sich mit mir will eine Sonne gatten,
Vor deren Licht erbleicht der Sternen Kranz,
Laß deinen Teppich meine Brust bedecken,
Und meinen Sieg in dein Gezelt verstecken.

2

Verbirg in dir den Raub geheimer Liebe,
Dein Dunkelsein umschließe meine Brust;
Ihr Wolken, eilt und macht den Himmel trübe,
Befördert mir doch meine Himmelslust,
Umstricket mich, geliebte Finsternissen,
Daß nichts von mir des Hofes Augen wissen.

3

Komm, Engelsbild! komm laß dich bald umfangen,
Dein Lippen-Julep kühle meinen Brand,
Mein Herze lechzt mit feurigem Verlangen,
Bis deine Kühlung ihm wird zugesandt;

Komm zeuge, daß Entzünden und selbst Brennen
Des Himmels wahrer Vorschmack sei zu nennen.

JOHANN VON BESSER

Nicht schäme dich, du saubere Melinde,
Daß deine zarte Reinlichkeit
　Der feuchte Mond verweist in eine Binde
Und dir den bunten Einfluß dräut.
　　Der große Belt hegt Ebb' und Flut,
　　Was Wunder, wenn 's der Mensch, der kleine, tut.

Die Rötlichkeit bei deinen bunten Sachen
Hat niemals deinen Schoß versehrt.
　Wie Muscheln sich durch Purpur teurer machen,
So macht dein Schnecken-Blut dich wert
　　Wer liebt ein Tinten-Meer wohl nicht,
　　Weil man daraus Korallen-Zinken bricht?

Nur einmal bringt das ganze Jahr uns Nelken,
Dein Blumen-Busch bringt's monatlich,
　Dein Rosen-Strauch mag nicht verwelken,
Sein Dorn, der hält bei dir nicht Stich,
　　Denn was die sanften Blätter macht,
　　Das ist ein Tau von der Johannis-Nacht.

Kannst du gleich nicht die Lenden hurtig rühren,
Lobt man dich doch im Stille-Stehn,
　Der Augen Blau wird leichtlich sich verlieren,
Dann wirst du sein noch eins so schön.
　　Man sammlet, spricht die ganze Welt,
　　Viel besser Frucht, wenn starke Blüte fällt.

Laß mich darum doch keine Fasten halten,
Ein König nimmt den Schrank zwar ein,
    Doch muß er fort, wann sich die Wasser spalten,
Der Geist muß ausgestoßen sein.
    Man geht, wie jedermann bekannt,
Durchs Rote Meer in das gelobte Land.

ANONYM

Komm, Philirose, schau die Nacht,
Den Julep halbverwund'ter Herzen,
Die Zeit, wo wir mit Liebe scherzen,
    Hat sich nunmehr zu uns gemacht,
Das bleiche Licht, das jetzt erschienen,
Will uns zur Liebesfackel dienen.

Entblöße jenes schöne Feld,
Wo meine Seel' die Walstatt funden
Und meine Kraft wie Schnee verschwunden,
    Als sich dein Blick, der starke Held,
So tausend Flammen mit sich brachte,
Zugleich aus deinen Augen machte.

Ach, Philirose, komm geschwind,
Laß mich das Paradies besteigen,
Den Ort, wo sich die Gaben zeigen,
    Die weißer als Narzissen sind,
Laß mich in den verliebten Stellen
Dir meine Seele zugesellen.

Hier ist kein Schrecken noch Gefahr,
Entkleide deine Brust und Lenden,

Ich will die Glut auf diesen enden,
  Was mir die erste Flamm' gebar,
Es soll mein Mund auf deinem liegen,
Bis mich die Ohnmacht wird besiegen.

Und wenn ich nun besieget bin,
Wenn die Entseelung mich gewonnen
Und mir das Leben gar entronnen,
  So gib mir tausend Küsse hin;
Und sollt' ich neue Kraft erwerben,
Will ich noch zehnmal also sterben.

CHRISTIAN HOFFMANN VON HOFFMANNSWALDAU

Lobrede an das liebwerteste Frauenzimmer

Hochwertes Jungfernvolk, ihr holden Anmutssonnen,
  Ihr auserwählter Schmuck, der Haus und Gassen ziert,
Wer ist so steinern, der euch nicht hat lieb gewonnen?
  Und welchen habt ihr nicht mit Fesseln heimgeführt?
Wer ist so kühn, der darf vor eu're Augen treten,
  Wenn ihr die Waren habt der Schönheit ausgelegt?
Wer will euch, Liebste, nicht als einen Gott anbeten,
  Weil ihr das Bildnis seid, das Venus selbst geprägt.
Jedoch ich will nur bloß ein Teil von dem berühren,
  Mit welchem die Natur euch herrlich hat verseh'n.
Der Sinnen Schiff soll mich in solche Länder führen,
  Wo auf der See voll Milch nur Liebeswinde weh'n.
Die Brüste sind mein Zweck, die schönen Marmelballen,
  Auf welchen Amor ihm ein Lustschloß hat gebaut;
Die durch das Atemspiel sich heben und auch fallen,
  Auf die der Sonne Gold wohlriechend Ambra braut.

Sie sind ein Paradies, in welchem Äpfel reifen,
  Nach derer süßen Kost jedweder Adam lechzt,
Zwei Felsen, um die stets des Zephyrs Winde pfeifen.
  Ein Garten schöner Frucht, wo die Vergnügung wächst.
Ein überirdisch' Bild, dem alle opfern müssen.
  Ein ausgeputzt' Altar, vor dem die Welt sich beugt.
Ein kristallinen Quell, aus welchem Ströme fließen,
  Davon die Süßigkeit den Nektar übersteigt.
Sie sind zwei Schwestern, die in einem Bette schlafen,
  Davon die eine doch die and're keinmal drückt.
Zwei Kammern, welche voll von blanken Liebeswaffen,
  Aus denen Cypripor die göld'nen Pfeile schickt.
Sie sind ein zäher Leim, woran die Sinnen kleben;
  Ein Feuer, welches macht die kältsten Herzen warm;
Ein Bezoar, der auch Entseelten gibt das Leben;
  Ein solcher Schatz, vor dem das Reichtum selbst ist arm.
Ein kräftig Himmelbrot, das die Verliebten schmecken;
  Ein Alabaster-Haus, so mit Rubinen prahlt;
Ein süßer Honigseim, den matte Seelen lecken;
  Ein Himmel, wo das Heer der Liebessterne strahlt.
Ein scharfgeschliffen' Schwert, das tiefe Wunden hauet,
  Ein Rosenstrauch, der auch im Winter Rosen bringt.
Ein Meer, worauf man der Sirenen Kräfte schauet,
  Von denen der Gesang bis in die Seele dringt.
Sie sind ein Schneegebirg', in welchem Funken glimmen,
  Davon der härt'ste Stahl wie weiches Wachs zerfleußt.
Ein wasserreicher Teich, darinnen Fische schwimmen,
  Davon sich sattsam ein verliebter Magen speist.
Sie sind der Jugend Lust und aller Kurzweil Zunder,
  Ein Kranz, in welchem man die Keuschheitsblume sieht.
Sie kürzen lange Zeit und stiften eitel Wunder,
  Weil beides, Glut und Schnee, auf ihrem Throne blüht.
Sie sind ein runder Sarg, wo Liebe liegt begraben,

Ein Dietrich, welcher auch des Herzens Grund aufschleußt,
Ein Ort, in dem nur Lust will Sitz und Wohnstatt haben,
  In dessen Höhlen Milch und Nektar häufig fleußt.
Zwei Fässer, welche sind mit Julep-Saft erfüllet,
  Lockvögel, derer Thron ein freies Herze bind't;
Zwei Sonnen, welche zwar mit dünnem Flor umhüllet,
  Doch macht ihr heller Blitz die klärsten Augen blind.
Sie sind ein zart' Gewand von schwanenweißer Seide,
  Daran man sehen kann, wie jeder Faden steht,
Zwei Hügel, deren Höh' bedeckt ist mit Kreide,
  Zwei Fläschchen, denen nie der Wollust Milch entgeht.
Zwei Brünne, da nur stets gesunde Wasser quellen,
  Und wo die Dürre nicht der Adern Mark aussaugt.
Zwei Jäger, welche zahm' und wilde Tiere fällen,
  Wo keines wird verschont, was nur zu fangen taugt.
Zwei Schneeball'n, welche doch unmöglich schmelzen können,
  Womit das Jungfernvolk der Männer Seelen schmeißt,
Zwei aufgestellte Garn und Schlingen freier Sinnen,
  Aus denen gar kein Mensch, wie klug er ist, entreißt.
Zwei Kräme, wo man Huld und Freundlichkeit ausleget
  Und wo ein roter Mund nur kann der Kaufmann sein.
Zwei Körb', in welchen man bloß Marzipan feilträget,
  Nach dessen Süßigkeit die Lippen lechzend schrei'n.
Zwei Türme, derer Pracht von Elfenbein vollführet,
  Darauf Cupidens Pfeil die Wache fleißig hält.
Zwei Kleinod, derer Glanz der Jungfern Leiber zieret,
  Wenn ihre Freundlichkeit den Männern Netze stellt.
Sie sind ein Blasebalg, ein Feuer aufzufachen,
  Das durch kein Mittel nicht kann werden ausgelöscht.
Zwei Betten, wo Rubin und Marmel Hochzeit machen,
  Wo süße Mandelmilch der Rosen Scharlach wäscht.
Sie sind ein Seekompaß, der hurtig rudern heißet,
  Eh' man in Hafen der Vergnügung wird gebracht.

Ein reiner Thron, auf dem der Lilien Silber gleißet,
  Worauf verliebtes Volk nur hat zu sitzen Macht.
Ein wertes Heiligtum, das keusche Lippen küssen,
  Vor dem sich Herz und Knie in tiefster Demut neigt.
Ein Meer, aus dem sich Lust und Lieblichkeit ergießen,
  Ein Bergwerk, dessen Grund zwei Demantsteine zeigt.
Doch niemand lobt den Brauch, die Kugeln zu verdecken,
  Darauf man sehen kann, wo Lieb- und Lustland liegt.
Ach Schönste! glaubet mir, ihr möget sie verstecken,
  Ein Liebesauge hat dem allen obgesiegt,
Orontes selbst bezeugt, daß kein Verbergen nutze
  Der Brüste, Pharos hat durch zart' Gewand geleucht.
Er ruht im Liebesport jetzt unter ihrem Schutze,
  Wenn uns ein rauher Sturm noch um die Segel streicht.
Wohl dem nun, der wie er kann so vergnüget leben!
  Den so ein weißer Schild vor Wehmutswunden schützt!
Der seinem Munde kann dergleichen Zucker geben,
  Der so vergnügt wie er im Liliengarten sitzt!
Der so die Blumen mag auf weißen Wiesen brechen;
  Der aus der Brüste Schacht Rubin und Demant gräbt.
Der Rosen sammeln kann ohn' einzig Dornenstechen;
  Der von der Speis' und Kraft der süßen Äpfel lebt.
Dem so das Glücke blüht, den es so Bruder nennet,
  Dem eine runde Brust kann Pfühl und Polster sein.
Der in der Liebsten Schoß mit vollem Zügel rennet,
  Der seiner Venus so flößt Liebesbalsam ein.

CHRISTIAN HOFFMANN VON HOFFMANNSWALDAU

Auf den Mund

Mund! der die Seelen kann durch Lust zusammen hetzen,
Mund! der viel süßer ist als starker Himmelswein,
Mund! der du Alikant des Lebens schenkest ein,
Mund! den ich vorzieh'n muß der Inden reichen Schätzen,
Mund! dessen Balsam uns kann stärken und verletzen,
Mund! der vergnügter blüht als aller Rosen Schein.
Mund! welchem kein Rubin kann gleich und ähnlich sein.
Mund! den die Grazien mit ihren Quellen netzen;
Mund! Ach Korallen-Mund, mein einziges Ergetzen!
Mund! laß mich einen Kuß auf deinen Purpur setzen.

ANONYM

Die gezwungene Liebe

1

Lieben, das läßt sich nicht zwingen,
   Lieben entstehet vor sich,
Soll dir's darinne gelingen,
   Mußt du geduldiglich
Warten, was Zeiten und Tage dir bringen.

2

Bind'st du der Liebe die Hände,
   Sicher so wird sie dir Feind,
Plötzlich, geschwinde, behende,
   Eh' man es hätte vermeint,
Laufet gezwungene Liebe zum Ende.

Komm, längst gewünschte Freudennacht,
Als Zeugin meiner Liebe,
Verhülle des Gestirnes Pracht,
Mach alles schwarz und trübe,
Laß mir anstatt der güldnen Sterne sein
Zwei unbefleckter Augen Schein.

Ich wünsche nicht dein bleiches Licht,
Kein Nordstern darf mich führen,
Kein Glanz darf meinen Augen nicht
Den weiten Himmel zieren,
Dieweil die Glut, die mich zuvor betrübt,
Mir jetzt die beste Klarheit gibt.

Ist das geschwinde Wunderkind,
So uns die Not erreget,
Nach aller Köpfe Meinung blind,
So werd' ich nichts beweget,
Daß ich auf dieser unbekannten Bahn
Nicht wie bei Tage schauen kann.

Und ist mein Auge gleich bedeckt,
So schau ich doch im Herzen,
Daß mir die Venus aufgesteckt
Viel flammenreiche Kerzen,
Durch welcher Glanz jetzt mein Gemüt erkiest,
Was Lieben und Genießen ist.

Genug, die Nacht erzeiget sich
Auf ihrem schwarzen Throne,
Die Venus selbst ermahnet mich

Mit ihrem kleinen Sohne
  Zu suchen die, so meine Freiheit fällt
  Und meinen Sinn gefangen hält.

  Drum, Liebste, komm und sei bereit,
Die Stunden haben Flügel,
  Der Phöbus ist gewiß nicht weit,
Er rühret seine Zügel,
  Dieweil es sich nicht allzuwohl gebürt,
  Daß uns der Tag nach Bette führt.

JOHANN VON BESSER

An Calisten

Ich kann mir nicht mehr widerstreben;
  Die Schönheit flößt mir das Gelüste ein.
Im Paradies kann keiner leben,
  Und ohne Fall und Fehltritt sein.
Dein Edensplatz, mein Kind Caliste,
  Zieht meine Hand
Auf deinen Kreis der runden Brüste
  Und meinen Leib in dein gelobtes Land.

Der Lenz pflegt uns in Herbst zu leiten;
  Das Jahr läßt uns nach Blumen Früchte sehn:
Laß mich doch auch nach deinen Zeiten
  In deinen Anmutsgarten gehn.
Mein Frühling ist ein Kuß gewesen,
  Laß aus der Schoß
Mich endlich reife Früchte lesen,
  Wie in dem Stand der Unschuld, nackt und bloß.

Eröffne mir das Tor zum Lande,
    Wo Zucker rinnt und Wollust Tafel hält;
Laß meinen Kahn am engen Strande
    In deine neuerfundne Welt.
Du darfst dich nicht, Caliste, schämen;
    Das Feigenblatt,
Das Eva für sich mußte nehmen,
    Zeigt und verdeckt nicht unsre Lagerstatt.

Bestrafe mich mit keinem Tadel,
    Daß deinen Schoß mein Herze lieb gewinnt;
Denn der Magnet forscht mit der Nadel,
    Bis er den Mittelpunkt ergründ't.
Ein Schäfchen weid't in Tal und Auen,
    Wo Schatten ist;
Mein Herze will das deine schauen;
    Drum such' ich es – da, wo du offen bist.

CHRISTIAN HÖLMANN

Abbildungen der Schoß

Der Geist des Altertums schrieb den beschaumten Wellen
Die künstliche Geburt der Liebesgöttin zu,
Und daß ein Muschelhaus auf den gesalznen Stellen
Sowohl zur Überfuhr als ihrer ersten Ruh'
Anstatt der Wiege sei damals bestimmt gewesen;
Allein so wurde da die Wahrheit eingehüllt,
Wer ihre Perlen nun wollt' aus dem Schlamme lesen,
Der fand sie endlich zwar, doch fremde vorgebild't.
Zieht jenen Vorhang weg und laßt die Fabeln schweigen;
Was gilt's, die Wahrheit wird, ja selbst der Augenschein,

Euch den verdeckten Grund der Sache besser zeigen,
Daß ich so Muschel, Meer als Welle müsse sein.
In meinen Gründen ist die Liebe ja geboren,
Ich bin ihr erster Sitz, ihr Stammhaus, Vaterland,
Mich hat zu dieser See selbst die Natur erkoren,
An deren Ufern sich das schöne Mädchen fand.
Ihr Glieder möget nun vor mir die Segel streichen,
Weil ich die Götter selbst durch mich hervorgebracht,
Ihr selber müßtet auch im Mutterleib erbleichen,
Wenn nicht durch mich das Tor wär' in die Welt gemacht.
Es füllet meine Frucht den Himmel und die Erde,
Ich mache, daß der Bau der wundergroßen Welt
Nicht vor der letzten Zeit zu einer Wüsten werde,
Die nichts als Distelsträuch und Dörner in sich hält.
Ich bin das Paradies, vor dem die Keuschheit wachet,
In dessen Gegenden die Lebensfrüchte blüh'n,
Wo unser Leben wird wie Feuer angefachet,
Dabei die Söhne sich, wie Adam, gerne müh'n;
Ein Tempel, wo die Glut der Liebe stündlich brennet;
Ein Opfertisch, wo Milch zum Opfer wird gebraucht;
Ein Heiligtum, daß die für Priester nur erkennet,
In deren keuscher Brust ein reiner Weihrauch raucht;
Ein gutes Feld, das nur gerat'ne Früchte bringet;
Ein Garten, den der Tau der Wollust überfließt;
Ja der die Anmut hat, die alle Welt bezwinget,
Und dessen Blumenfeld sein eigner Fluß begießt.
Ein Meer, wo Ebb' und Flut dem Mondenlaufe gleichet;
Ein spiegelglattes Eis, wo auch ein Riese fällt;
Ein Hafen, den vergnügt die Zuckerflott' erreichet;
Die Schule, die man nur für junge Männer hält;
Der Liebe Musterplatz, die Mannschaft auszuüben;
Ein Zwinger, welcher zu, doch nicht verschlossen ist;
Die Walstatt, wo auch wohl ein Simson ist geblieben;

Das Schützenhaus, in dem ein jeder gerne schießt;
Ein Markt, wo Regungen durch Blicke zu erlangen;
Ein Wechseltisch, der uns für Jungfern Frauen zahlt;
Ein Laden, wo noch nie gebrauchte Waren hangen;
Ein Tal, in welches nie das Licht der Sonnen strahlt;
Ein Bergwerk, welches Gold und Silberadern heget;
(Die Wünschelrute schlägt oft allzu heftig an)
Ein Land, das unbesät auch keine Früchte träget;
Ein Abgrund, wo die Welt die Perlen fischen kann;
Der Männer größter Schatz liegt oft in meinem Fache,
Denn das Behältnis bin ich eigentlich dazu,
Drum hält die Eifersucht bei mir so scharfe Wache,
Damit demselbigen kein Fremder Eingriff tu.
Hier ist der Bienenstock, wo aus der keuschen Blume
Der Lebenshonig wird zur rechten Zeit gemacht;
Der Himmel und die Welt trägt den zum Eigentume,
Wenn ich ihn an das Licht, sein Ziel davon gebracht.
Der Liebe Ruhestatt, die liegt auf meinem Grunde,
Ihr Forst, in welchem sie die schönsten Zobel jagt,
Die Männer sind dabei die besten Jägerhunde,
Denn ihr verweg'ner Geist ist immer unverzagt.
Wenn ich verschlossen bin, so geht die Lust im Leide,
Oft werden gar darum die Länder ruiniert
Und spinnen Trauerflor anstatt der weißen Seide,
Weil meine Muschel nicht den Thron mit Perlen ziert.
So kann der Wohlstand sich auf meine Pfeiler gründen,
Wer führt nun einen Ruhm, der meinen Lorbeer'n gleicht?
Bei euch, ihr Brüste, wird man diesen schwerlich finden,
Die Ohnmacht hat euch nicht vergebens so gebleicht.
Nur eines ärgert mich, daß auch die Kinder wissen,
Was die Erwachsenen in meinem Garten tun,
Wie sie durch ihren Tau mein Blumenfeld begießen
Und mit der größten Lust auf diesem Beete ruh'n.

Ach könnt' ich dieser Brut unnütze Reden stillen!
Ein Vorschlag fällt mir bei: ich will auf's ehst' einmal
Ihr ungewasch'nes Maul mit meinem Wasser füllen,
Wer weiß? befrei' ich mich dadurch nicht dieser Qual.
Doch meine Blöße heißt jetzund mich stille schweigen,
Drum hüll' ich mich in meine Decken ein,
Und will nur noch mein Tun dadurch gebilligt zeigen:
Wo Blumen sollen blüh'n, muß Tau und Regen sein.

CHRISTIAN HOFFMANN
VON HOFFMANNSWALDAU

An die Phillis

Der und jener mag vor mir
Das gelobte Land ererben;
   Laß mich, Phillis, nur bei dir
Auf den hohen Hügeln sterben.

ANONYM

Scherzlied

Als die Venus neulich saße
   In dem Bade nackt und bloß
   Und Cupido auf dem Schoß
Von dem Liebeszucker aße,
Zeigte sie dem kleinen Knaben
Alles, was die Frauen haben.

Marmelhügel sah er liegen,
   Von Begierden aufgebaut;

Sprach zur Mutter überlaut:
»Wann werd' ich dergleichen kriegen,
Daß mich auch die Schäferinnen
Und die Damen liebgewinnen?«

Venus lacht' aus vollem Munde
    Über ihren kleinen Sohn:
    Denn sie sah und merkte schon,
Daß er was davon verstunde,
Sprach: »Du hast wohl andre Sachen,
Die verliebter können machen.«

Unterdessen ließ sie spielen
    Seine Hand auf ihrer Brust:
    Denn sie merkte, daß er Lust
Hatte, weiter nachzufühlen,
Bis ihr endlich dieser Kleine
Kam an ihre zarten Beine.

Als er sich an sie geschmieget,
    Sprach er: »Liebes Mütterlein,
    Wer hat an das dicke Bein
Euch die Wunde zugefüget?
Müßt ihr Weiber denn auf Erden
Alle so verwundet werden?«

Venus konnte nichts mehr sagen
    Als: »Du kleiner Bösewicht,
    Packe dich, du sollst noch nicht
Nach dergleichen Sachen fragen.
Wunden, die von Liebespfeilen
Kommen, die sind nicht zu heilen.«

ANONYM

Abbildung der vollkommenen Schönheit

Holdseliges Geschlecht, hör' an, ich will dich's lehren,
Wie es gestalt' muß sein, was man für schön soll ehren.
    Lies diese Zeilen durch, so wird dir sein bekannt,
    Wodurch die Helena so trefflich schön genannt.
Der Leib muß seine Pracht erst von den Farben haben,
Von diesen müssen drei sich gleichen schwarzen Raben,
    Drei müssen wie der Schnee so weiß sein anzusehn,
    Drei die an Röte selbst den Purpur übergehn.
Drei and're müssen Ruhm durch ihre Kürz' erlangen,
Hingegen and're drei mit schöner Länge prangen;
    Drei müssen sein 'was dick, doch wohlgebild't dabei,
    Darneben müssen schmal und schlank sein andre drei.
Die Weite muß man auch an eben so viel rühmen,
Und andern gleicher Zahl will eng zu sein geziemen.
    Wenn man zu diesen fügt drei, welche zierlich klein,
    So kann die Schönheit selbst nicht vollenkommner sein.
Die Augen preiset man, die schwarzen Kohlen gleichen,
An Strahlen aber doch der Sonnen selbst nicht weichen;
    Und um dieselbe muß ein schwarzer Bogen gehn,
    Dadurch dies Sternenpaar kann überschattet stehn.
Zum dritten muß der Busch, der jene Höhle decket,
In welcher Venus selbst des Ziel der Brunst verstecket,
    Ganz eingehüllet sein in schwarze Dunkelheit,
    Weil Amor solch ein Kind, das sich im Dunkeln freut.
Die Haare müssen sein so weiß als reine Seide,
Der Alabasterhals wie nie berührte Kreide,
    Die Zähne müssen recht wie blankes Elfenbein,
    Wenn sie von Tadel ganz entfernet sollen sein.

Der Mund muß röter sein als brennende Rubinen,
Soll sonst der Lippen Saum den rechten Preis verdienen.
　　Die Wangen, die nicht rot, sind nicht vollkommen schön,
　　Und auf den Brüsten selbst muß Rot am Gipfel stehn.
Die Zähne müssen kurz nur sein in ihren Reihen,
Derselben Maße sich die Füße gleichfalls weihen.
　　Dies einz'ge gibet auch den Ohren ihren Preis,
　　Daß man, wie and're Teil, sie schön zu nennen weiß.
Es muß ein schöner Leib sich nach den g'raden Fichten,
Die wie die Säulen stehn, in seiner Länge richten.
　　Die Hände, die mit Lust der Liebe Zügel führ'n,
　　Muß, wenn sie zierlich sind, gewünschte Länge zier'n.
Und soll dem Venus-Sohn die Liebesjagd gelücken,
Muß er aus langem Haar ihm Netz und Sehnen stricken.
　　Denn soll in Sklaverei die Freiheit sein gebracht,
　　So müssen Fesseln sein aus langem Haar gemacht.
Es ist ein solcher Leib vor andern hoch zu preisen,
An dem die Hüften sich in rechter Dicke weisen.
　　Auch das, was die Natur zum Sitzplatz ausersehn,
　　Ist dadurch, wenn es dick und ausgefüllet, schön.
Und drittens muß der Ort, der uns're Sinnen raubet,
Wenn er mit schöner Kräus' als ein Gebüsch belaubet,
　　Sein einem Hügel gleich von Bergen eingehüllt,
　　So daß er eine Hand mit seiner Dicke füllt.
Die Finger, welche schmal und zierlich sich erstrecken,
Die können, was sonst halb erstorben, auferwecken,
　　Und Arme dieser Art sind das gewünschte Band,
　　Wodurch man an das Joch der Liebe wird gespannt.
Auch muß ein schönes Kind sein schmal und schlank
　　　　　　　　　　　　　　　　　von Beinen,
Daß, wenn die Flammen sich im Mittelpunkt vereinen,
　　Ganz um das oberste das unterste sich schwenkt,
　　Gleichwie Adonis ward von Venus eingeschränkt.

Der Weite Lob kann man aus dreien Stücken lernen:
An Augenbrauen, die von ander sich entfernen,
  An Lenden, die nicht gar zu nah beisammen stehn,
  Vornehmlich wenn man will in Amors Irrgang gehn.
Auch müssen weit entfernt sich zeigen jene Hügel
Der schwanengleichen Brust, daß mit verhängtem Zügel
  Die Brunst, wenn sie genug mit Küssen hat gespielt,
  Durch dieses Tal kann gehn, wo sie wird abgekühlt.
Drei Enge müssen sich bei jenen dreien weisen:
Ein rosengleicher Mund muß enge sein zu preisen;
  Die Seiten müssen eng und dicht zusammen sein,
  Daß eine Elle sie beinah' kann schließen ein.
Vor allen aber muß die Gruft, da Venus lachet,
Wo das, was stählern schien, wie Wachs wird weich gemachet,
  Ganz enge sein, damit, wenn uns're Brunst entsteht,
  Sie ein und wieder aus mit mehrerm Kitzel geht.
Und letztlich müssen drei sein zierlich klein zu nennen:
Die Nase muß man erst deswegen loben können;
  Die Brüste gleichenfalls, die eine Hand spannt ein;
  Die Gipfel müssen drauf gleich kleinen Erdbeer'n sein.
Wann dann der Leib gebild't in solchem schönen Wesen,
So hat zum Wohnplatz ihn die Liebe selbst erlesen,
  Und wann an diesem auch bald dies bald jenes fehlt,
  So hat Cupido schon ein anders auserwählt;
Denn wenn die Schönheit gleich nicht völlig ist zu finden,
So kann die Freundlichkeit doch alles überwinden:
  Der nun die Schönheit nicht auf allen Gliedern schwebt,
  Der rat' ich, daß sie sich durch Freundlichkeit erhebt.
Hie seht ihr, schönes Volk, wodurch ihr schön zu nennen,
Werd't ihr ins Künftige mir besser Nachricht gönnen,
  Soll meine Feder euch zum Dienst sein angewandt,
  Wenn ihr dieselbe führt mit eurer schönen Hand.

DAVID SCHIRMER

Er fand sie im Grünen schlafen

Hier liegt mein Paradies mit Rosen überdeckt,
Die Brüste regen sich, mich mehr und mehr zu quälen,
Der Ambra steigt empor aus ihrer süßen Kehlen,
Hier liegt mein Paradies im Grünen ausgestreckt.
Komm, geuß auf ihren Mund dein perlenes Konfekt,
Du linder Zephir du, bring ihr die sanften Seelen
Aus deinen Brunnen her, mit ihr mich zu vermählen.
Schlaf; aber daß sie nicht dadurch werd' aufgeweckt,
St. Dryas! St. Napee! bleibt dort in dem Gebüsche,
Dieweil ich manchen Kuß auf ihrem Mund erwische,
Soll euer schöner Chor nicht mit ihr spielen geh'n?
Indessen schlafe du hier unter diesen Bäumen;
Sehnst du denn aber dich nach sanften Liebesträumen,
So wache plötzlich auf, hier kannst du einen seh'n.

ANONYM

Klage eines verliebten Mädchens

1

Niemand hat so schöne Sitten
    Als der edle Lucius,
Niemand geht mit engern Tritten
    Und setzt netter seinen Fuß,
Daß ihn auch ein jedes Kind
Auf der Gassen lieb gewinnt.

2

Doch was hilft das leere Brennen
  Und der Liebe Gaukelspiel,
Wenn er keine Neigung kennen
  Und sie nicht erwidern will?
Wenn er diese, so ihn liebt,
Dem Verzweifeln übergibt?

3

Ach ihr Götter dieser Erden,
  Denen meine Brunst bekannt,
Wann soll ich erlöset werden
  Von dem heißen Liebesbrand?
Soll ich unter solcher Pein
Ewig unerquicket sein?

4

Ändert doch die harten Sinnen,
  Die er von mir abgelenkt,
Daß er mich muß liebgewinnen,
  Weil ich ihm mein Herz geschenkt.
Brechet seinen harten Schluß,
Daß er mich doch lieben muß.

5

Lasset doch die treuen Blicke
  Und des Angesichtes Schein,
Den ich täglich auf ihn schicke,
  Nicht so gar vergebens sein,
Sonst erstickt der rauhe Schmerz
Endlich das verschmähte Herz.

6

Ach ihr Götter, hört mein Flehen,
　　Sehet meinen Jammer an,
Lasset doch den Wunsch geschehen,
　　Daß ich ihn umfangen kann!
Denn ich muß und will allein
Nur von ihm geküsset sein.

ERDMANN NEUMEISTER

Erbarme dich, du Schönheit dieser Welt,
Und nimm von mir die Fessel meiner Seelen!
　　Wenn Stahl und Eis die Brust umschlossen hält,
Durch Sklaverei mich auf den Tod zu quälen,
　　So denke doch, der Ursprung meiner Not
　　　Ist schon der Tod.

Ist schon der Tod ein Opfer deiner Lust,
Und soll mein Herz in heißer Glut verbrennen;
　　So woll'st du nur die Alabasterbrust
Zu guter Letzt mir zum Altare gönnen.
　　Denn ein Altar zum Opfern muß ja sein
　　　Ein harter Stein.

Ein harter Stein wird durch die Tropfen weich:
Mein Auge läßt auch ganze Ströme rinnen;
　　Jedoch umsonst. Wem bist du endlich gleich?
Erweicht nur Blut die diamanten Sinnen?
　　So kühle dann darinnen deinen Mut,
　　　Hier ist mein Blut.

Hier ist mein Blut, das Treu und Liebe weiht,
Die mich zuerst in Sklaverei gestürzet.
    Was brachte mich um meine güldne Zeit?
Wer hat den Weg der Freiheit abgekürzet?
    Der Räuber war, ach daß ich's sagen muß!
        Ein einz'ger Kuß.

Ein einz'ger Kuß legt mir die Ketten an,
So kann mich auch ein Kuß davon entbinden.
    Wiewohl der Wunsch ist ganz umsonst getan,
Mein Seufzer woll in tauber Luft verschwinden.
    So muß mein Herz mit doppelt schwerer Pein
        Gestrafet sein.

Gestrafet sein, und ohne Missetat,
Wird auch kein Gott für recht und billig sprechen.
    Doch weiß ich nicht, wer mich gestrafet hat;
Vielleicht will sich der Himmel an mir rächen.
    Das macht, du warst, und mehr als er, zugleich
        Mein Himmelreich.

Mein Himmelreich wird mir zur Höllenpein.
Ich soll und muß, ich will auch nur verderben;
    Die Freiheit wird in meinem Grabe sein;
Drum will ich gern als Sklave grausam sterben.
    Mein Herz gibt nur den Seufzer noch von sich:
        Erbarme dich!

1

Albanie, gebrauche deiner Zeit
Und laß den Liebeslüsten freien Zügel,
  Wenn uns der Schnee der Jahre hat beschneit,
So schmeckt kein Kuß, der Liebe wahres Siegel,
  Im grünen Mai grünt nur der bunte Klee.
                              Albanie.

2

Albanie, der schönen Augen Licht,
Der Leib und was auf den beliebten Wangen
  Ist nicht vor dich, vor uns nur zugericht',
Die Äpfel, so auf deinen Brüsten prangen,
  Sind unsre Lust und süße Anmutssee.
                              Albanie.

3

Albanie, was quälen wir uns viel
Und züchtigen die Nieren und die Lenden?
  Nur frisch gewagt das angenehme Spiel,
Jedwedes Glied ist ja gemacht zum Wenden.
  Und wendet doch die Sonn' sich in die Höh'.
                              Albanie.

4

Albanie, was soll dein warmer Schoß
So öd' und wüst und unbebauet liegen?
  Im Paradies da ging man nackt und bloß
Und durfte frei die Liebesäcker pflügen.
  Welch' Menschensatz' macht uns dies neue Weh?
                              Albanie.

5

Albanie, wer kann die Süßigkeit
Der zwei vermischten Geister recht entdecken?
Wenn Lieb' und Lust ein Essen uns bereit',
Das wiederholt am besten pflegt zu schmecken.
Wünscht nicht ein Herz, daß es dabei vergeh'?
                                    Albanie.

6

Albanie, weil noch der Wollusttau
Die Glieder netzt und das Geblüte springet,
So laß doch zu, daß auf der Venus-Au
Ein brünst'ger Geist dir kniend Opfer bringet,
Daß er vor dir in voller Andacht steh'.
                                    Albanie.

SIMON DACH

Auf Lesbien

1

Lesbia, mein Leben,
Hat sich mir ergeben
    In gewünschter Pflicht,
Ich will bei ihr stehen,
Bis ich werde gehen
    Hie aus diesem Licht,
        Was für Leid
        Ich jederzeit
Um sie hab' ertragen müssen,
    Will ich jetzt beschließen.

2

Die gewünschten Freuden,
So sie für mein Leiden
  Mir erteilen will,
Soll kein Leid beschweren,
Ja sie sollen wehren
  Ohne Maß und Ziel:
    Ihre Zier
    Will einig mir
Sich in allen Liebesfällen
  Zu Gebote stellen.

3

Aller Pracht und Prangen
Ihrer süßen Wangen,
  Ihr Korallen-Mund:
Ihre zarten Hände,
Ihrer Armen Bände
  Sind mir nun vergunt:
    Ehe muß
    Ein Überfluß
Als ein Mangel in den Sachen
  Mich verdrossen machen.

4

Sind im Obst viel Kerne,
Viel am Himmel Sterne,
  Wirft der Nord viel Schnee:
Sind viel rauhe Wellen,
Wenn die Winde bellen
  Auf der wüsten See:
    Mehr sind Küss',
    Ich weiß gewiß,

Die sie mir zum Liebeszeichen
Wird mit Willen reichen.

5

Sollt' ich solchermaßen
Mich gereuen lassen
Meiner Sorg' und Pein!
Wer auf sein Verdrießen
Dies hat zu genießen,
Kann nicht elend sein:
Elend kann
Nicht sein der Mann,
Dem sein Lieb auf alles Leiden
Lohnt mit solchen Freuden.

CHRISTIAN HOFFMANN
VON HOFFMANNSWALDAU

Ich bin verletzt durch deinen Augenstrahl,
Der seinen Blitz in meine Brust getrieben,
Soll, Lesbia, du Ursprung dieser Qual,
Vergehen nicht mein Herze ganz im Lieben,
So halte doch nur einen Augenblick
Den Strahl zurück.

Wen brennt die Nacht der Liebesflamme nicht,
Als die zur Glut dem Menschen ist erkoren?
Ein ganzes Meer löscht nicht ihr schönes Licht,
In dessen Abgrund Venus ward geboren,
In Wellen schwamm dies schöne Ungeheur
Und bleibt ein Feur.

Mein Herz besteht aus Wachs und nicht aus Eis,
Ich fühl' und seh', wie deine Augen blitzen:
Zweifache Glut ist Sterblichen zu heiß,
Was Wunder, wenn zwo Sonnen mich erhitzen,
Die gar der Himmel seltner Schönheit preist
Und brennen heißt.

Nicht denke, daß es bloße Worte sein,
Welch Herz kann wohl bei deiner Glut erkalten?
Du weißt, ich bin kein Engel und kein Stein,
Ich muß des Blutes Regung lassen walten,
Die Gott dem Menschen schon im Paradies
Ins Herze blies.

Drum zürne nicht ob diesem meinem Brand,
Der sich aus deiner Augen Glut entsponnen,
Es ist, mein Kind, ein Werk von deiner Hand,
Ach! denke nach und strafe deine Sonnen,
Aus welchen dieses Feur, so in mir glimmt,
Den Ursprung nimmt.

So liebe dann, was deine Kraft versehrt,
Mein niedrig Sein kann deinen Ruhm nicht tilgen,
Die Sonne bleibet doch in gleichem Wert,
Malt gleich ihr Gold ein Kleeblatt nebst den Lilien,
Laß mich bei deinem warmen Sonnenschein
Ein Kleeblatt sein.

ANONYM

Komm braune Nacht

Komm braune Nacht, umhülle mich mit Schatten
   Und decke den mit deiner Schwärze zu,
Der ungestört sich will mit Sonnen gatten
   Und im Bezirk der Engel suchet Ruh,
Ja hilf mein Ach, eh du noch wirst verschwinden,
   Mit linder Hand von meiner Seele binden.

Wie, hör' ich nicht, willkommen mein Verlangen!
   Schon im Gemach mit leiser Stimme gehn?
Fühl' ich mich nicht mit Lilien umfangen
   Und meinen Fuß auf diesen Grenzen stehn,
Wo mir Celinde wird aus Tränen Lachen,
   Aus Flammen Eis, aus Bette Himmel machen.

So tilge nun, o Heldin! meine Schmerzen,
   Wirf mit dem Flor die leichte Zagheit hin,
Laß meine Hand mit deinem Reichtum scherzen
   Und mich entzückt das schöne Tal beziehn,
Da sich im Tau die stummen Lüste kühlen
   Und Tag und Nacht mit ihren Farben spielen.

Dein heißer Mund beseele mich mit Küssen,
   Hilf, wenn ich soll an deiner Brust versehrn,
Durch linden Biß der flüchtigen Narzissen
   Mir ausgestreckt die stille Freude mehrn,
Und möchtest du ja deinen Kranz verlieren,
   Solln Perlen doch die schönen Haare zieren.

Mein Wort erstirbt, die Seele will entweichen,
  Ach laß sie doch in enge Himmel ein,
Laß Schiff und Mast in deinen Hafen schleichen
  Und deine Hand selbst meinen Leitstern sein,
Du sollst alsbald die eingeladne Gaben
  Nebst voller Fracht statt der Belohnung haben.

ERDMANN NEUMEISTER

Auf einen Kuß

Ein Kuß! ein Kuß! ein Kuß!
Ach ich bin ganz entzückt,
Da mich doch nur ein einziger erquickt,
Ein Kuß, das ist ein Kuß.
Ach soll ich noch mehr sagen,
So muß ich noch einmal die süßen Lippen fragen,
Wofür man wohl solch' Labsal halten muß?
Doch, Iris, stimme mir mit hundert Küssen bei,
Ich sage so, daß Küssen in der Liebe
Die Quintessence sei.

BENJAMIN NEUKIRCH

An Florinden

Florinde, soll ich dich ersuchen,
  Und hab ich nicht zu grob gespielt,
So sage doch nur, ob dein Fluchen
  Auf Freundschaft oder Feindschaft zielt?

Sonst muß ich fort, sonst muß ich fliehn
Und dir aus deinen Augen ziehn.

Ein Griff wird dich ja nicht verdrießen,
     Greift man doch wohl den Kaiser an;
Du weißt ja, daß aus Griff und Küssen
     Kein kranker Leib entstehen kann:
     Denn was von außen nur geschehn,
     Läßt keine großen Flecken sehn.

Ein Feigenbaum ist aufgeschossen,
     Daß man ihn endlich brechen soll;
Ein Apfel, den kein Mund genossen,
     Schmeckt auch nicht in den Augen wohl,
     So quillt aus überdeckter Brust
     Auch keine rechte Liebeslust.

Drum laß den Marmel deiner Brüste
     Mir länger nicht verschlossen sein;
Nimm die Begierden meiner Lüste
     Zu deinen engen Pforten ein
     Und mache meine schwarze Hand
     Mit deiner weißen Haut bekannt.

Ich werfe meine Liebesflammen
     In deinen aufgeblähten Schnee,
Streich' du nur alle Kraft zusammen
     Und kühle meines Herzens Weh,
     So lieb ich dich, so liebst du mich,
     So lieben wir uns inniglich.

Jedoch verzeihe mir, Florinde,
     Daß ich so frei mit dir gescherzt,

Du fühlest nicht, was ich empfinde
　　Noch was mich in der Seele schmerzt.
　　Du siehst zwar meiner Liebe Wahn
　　Nicht aber meine Krankheit an.

Was Fleisch ist, muß vom Fleische leben,
　　Ich bin kein Engel oder Geist;
Drum wundre dich nicht, daß mich eben
　　Ein Trieb auf deine Brüste reißt,
　　Und denke, wer du auch schon bist,
　　Daß nichts umsonst gewachsen ist.

CHRISTIAN HOFFMANN
VON HOFFMANNSWALDAU

Ach daß ich euch nicht meiden müßte,
　　Ihr Schätze dieser dritten Welt,
Ihr schneegebirgten Engelbrüste,
　　Von Luft und Seufzern aufgeschwellt;
　　Mit eurer runden Lieblichkeit
Mag nichts durchaus verglichen werden,
Weil ihr des Himmels und der Erden,
　　Des großen Rundes Bilder seid.

Ihr, die ihr beide Hände füllet,
　　Ihr seid hier nicht wie anderwärts
In tausend Tücher eingehüllet,
　　Und quält das Aug' und klemmt das Herz:
　　Ihr zeiget bloß und decket frei
Durch lindes Auf- und Niederwallen,
Daß in euch weißen Marmorhallen
　　Blut, Feuer, Geist und Leben sei.

Auf euren Hügeln, schöne Brüste,
　　Hat eine werte Mildigkeit
Den süßen Samen aller Lüste
　　Zu vollem Wachstum ausgestreut:
　　Hier ist die süße Frucht der Welt,
Die nach dem Paradiese schmecket,
Darein der starke Leim verstecket,
　　Der alle Welt zusammen hält.

Ach möchten mir die Würfel fallen,
　　Daß ich nicht dürfte weiter geh'n,
Und könnte stets euch Zuckerballen
　　In eurem Milchmeer schwimmen seh'n,
　　Ich wollte gern durch manchen Kuß
Euch allerschönsten Liebsaltären
Die höchste Billigkeit gewähren,
　　Die man an euch verwundern muß.

Doch nein, der Himmel will's nicht leiden,
　　Mein Schicksal reißt mich von euch hin;
Lebt wohl, ich muß euch ewig meiden,
　　Wiewohl ich euer Sklave bin.
　　Was denn der Mund nicht leisten kann,
Das nehmt, ihr schönsten Engelbrüste,
Ihr Gegenwürfe meiner Lüste,
　　Von liebenden Gedanken an.

BENJAMIN NEUKIRCH

An Sylvien

Was fluchst du, Sylvia, wenn meine schwarze Hand
    Um deinen Busen spielet?
Sie war so weiß als du, eh' sie der Liebe Brand
    Und deine Macht gefühlet.
Flöß't du das Feuer nun in meine Glieder ein,
So kann ja meine Hand nicht Schnee und Marmel sein.
Du sprichst: »Sie hat hier nichts zu suchen und zu tun.«
    Gar recht; es soll auch bleiben.
Sie suchet nichts als dich, sie wünschet bloß zu ruhn
    Und ihren Scherz zu treiben.
Was Ursach hast du dann, daß du dich so beklagst?
Da du doch diese Gunst den Flöhen nicht versagst.

CHRISTIAN HOFFMANN
VON HOFFMANNSWALDAU

An Lauretten

Laurette, bleibst du ewig Stein?
Soll forthin unverknüpfet sein
Dein Englischsein und dein Erbarmen?
    Komm, komm und öffne deinen Schoß
    Und laß uns beide nackt und bloß
Umgeben sein mit Geist und Armen.

Laß mich auf deiner Schwanenbrust
Die oft versagte Liebeslust
Hier zwischen Furcht und Scham genießen.

Und laß mich tausend tausendmal
Nach deiner güldnen Haare Zahl
Die geisterreichen Lippen küssen.

Laß mich den Ausbund deiner Pracht,
Der Samt und Rosen nichtig macht,
Mit meiner schlechten Haut bedecken,
Und wenn du deine Lenden rührst
Und deinen Schoß gen Himmel führst,
Sich zuckersüße Lust erwecken.

Und sollte durch die heiße Brunst
Und deine hohe Gegengunst
Mir auch die Seele gleich entfließen,
So ist dein zarter Leib die Bahr',
Die Seele wird dreiviertel Jahr
Dein himmelrunder Bauch umschließen.

Und wer alsdenn nach meiner Zeit
Zu lieben dich wird sein bereit
Und hören wird, wie ich gestorben,
Wird sagen: Wer also verdirbt
Und in dem zarten Schoße stirbt,
Hat einen sanften Tod erworben.

ANONYM

Schwang'rer Jungfern Trostgedanken

Laß, große Venus, dir ja nicht zuwider sein,
Daß wir vor dein' Altar mit schwerem Fuße treten!
Wirf einen Strahl auf uns von deiner Gottheit Schein,

Die wir in Demut jetzt dich kommen anzubeten:
  Nimm unsern Ehrenkranz zu einem Opfer an,
Laß dieses Trauerpfand an deinen Wänden hangen,
  Und so es ewig nicht erhalten werden kann,
So laß die Asche nur in deinem Tempel prangen.

  Es rühme Pallas sich mit ihrer Jungferschaft,
So mag auch Vesta sich vor allen Männern wehren,
  Diana fühle nicht der starken Liebe Kraft;
Wir wollen insgesamt zu deiner Fahne schwören.

  Wir bieten jenen auch mit ihrem Wesen Trutz,
Und wollen uns die Zunft der schwanger'n Jungfern nennen.
  Nimmst du uns willig auf in deinen Schirm und Schutz,
So sucht das Volk umsonst, uns Flecken anzubrennen.

  Wir schätzen den Verlust der Jungferschaft nicht groß
Und fühlen immer noch das angenehme Jucken,
  Als der beperlte Tau in uns're Muschel floß,
Und sie sich öffnete, denselben einzuschlucken.

  Es war, als hätte sich uns Jupiter gezeigt
Und wollte wiederum mit Menschen Liebe pflegen;
  Als hätte sich zu uns der Himmel selbst geneigt
Und wollte sich hinfort auf unser'm Schoß bewegen.

  Die Lenden huben sich, da uns die Lust empfing,
Als wenn der ganze Leib gen Himmel fliegen wollte,
  So daß die Seele fast uns mit zugleich entging,
Indem die Jungfernschaft den Abschied nehmen sollte.

  Cupido hatte schon ein Labsal zubereit',
Die Geister wiederum vom Schlafe zu erwecken:
  Er kam uns höchsterwünscht zu eben rechter Zeit
Und ließ uns Ambrosin aus roten Schalen lecken.

  Drum achten wir nicht sehr der Spötter große Zahl
Und lassen andere für Jungfern gerne laufen,
  Ja wollten ungerühmt, wo möglich tausendmal,
Um einen schnöden Kranz dergleichen Wollust kaufen.

Wir fragen alle Welt, was ist der Jungfernstand?
Was ist die Jungfernschaft? Ein Buch, so nicht zu lesen,
   Ein Schüler freier Kunst, ein bloßer Wörtertand,
Ein Kind der Phantasie, ein Wesen ohne Wesen.
   Nur das Gehirne hegt und mehret diese Zucht,
Ihr ganzes Wesen stützt der Pfeiler der Gedanken,
   Warum? ist unbekannt. Gewiß, daß ohne Frucht
Man der Natur hierdurch will schmälern ihre Schranken.
   Doch wird durch diesen Wahn ein großer Teil betört
Und abgeschreckt von dem, was die Natur wohl gönnte,
   Es würde gar um viel der Menschen Zahl vermehrt,
Wenn jede sonder Schimpf nur Mutter heißen könnte.
   Es ist die Jungferschaft, wer sie zu etwas macht,
Ein unvollkomm'ner Stand, gleich ungeförmter Erden,
   Der zur Vollkommenheit nicht eher wird gebracht,
Als bis wir mit der Zeit aus Jungfern Frauen werden.
   Soll unser Schloß gesperrt und stets geschlossen sein;
Warum heißt die Natur uns nach dem Schlüssel fragen?
   Soll sich in unser Herz der Rost nicht fressen ein,
So muß auch selbiges von keiner Fäule sagen!
   Der allgemeine Trieb, der uns entbrennen heißt
Und nach dem Männervolk zu schauen uns verleitet,
   Der ist auch, der das Öl in uns're Lampen geußt
Und das geschmierte Tacht ohn unsern Fleiß bereitet.
   Es ist ein Jungferleib ein ungepflügtes Land,
Drum kann es keine Frucht in diesem Stande bringen.
   Erst streut man Samen aus, denn wird die Saat erkannt,
Und noch zuvor versucht der Pflug, das Land zu zwingen.
   Wer über unser Tun den Urteilsstab zerbricht,
Der kann auch nicht zugleich das Klosterleben schelten,
   Und wer den Männerstand verdammt und übel spricht,
Bei dem wird unser Tun ohn Zweifel müssen gelten.
   Doch wird uns dies vielleicht nur übel ausgelegt,

Daß wir den Priester nicht, wie bräuchlich, rufen lassen,
  Daß wir kein Gastgebot und keinen Tanz gehegt,
Daß and're Leute nicht von unsern Gütern prassen.
  Wer aber hat den Brauch zum ersten eingeführt,
Daß man den Priester reich, die Gäste fröhlich machet,
  Nein, nein, es wird die Zeit jetzt nicht darnach verspürt,
Und wer nicht sparen kann, der darbt und wird verlachet.
  Daß wir uns aber nicht 'was besser vorgeseh'n,
Wird unter allen uns am meisten vorgerücket.
  Was hilft's, man rede nur zum besten, weil's gescheh'n,
Der Vogel ist entwischt, die Rosen sind gepflücket.
  Wir haben sonderlich uns diesen Trost erwählt,
Daß keine darf noch mag von uns die erste heißen.
  Wer hat die große Zahl derjenigen gezählt,
Die längst den Kranz verscherzt und doch als Jungfer gleißen.
  Was kaum der Teufel kann, das weiß ein altes Weib,
Den Grundriß der Natur durch Säfte zu verderben,
  Sie ordnet Bäder an für den geschwoll'nen Leib
Und heißet die Geburt vor ihrer Bildung sterben.
  Wär' arge List und Kunst nicht in der Welt bekannt,
So ließen sich viel mehr in uns're Rolle schreiben;
  Und täte nichts dabei des Apothekers Hand,
Wo würden in der Welt die Jungfern endlich bleiben?
  Die aber noch zur Zeit als reine Jungfern gehen,
Die Haube doch verdient, die geben sich zufrieden,
  Sie sollen oben an in uns'rer Rolle steh'n,
Wo nicht ein altes Weib ein ander's weiß zu schmieden.
  Des Pöbels Urteil sei an seinen Ort gestellt,
Wir dürfen ganz und gar uns nicht des Urteils schämen.
  Das mögen diese tun, die für den Beischlaf Geld,
Die Zinsen für die Haut, und schändlich Wucher nehmen.
  Wir haben anders nicht als ehrlich nur geliebt,
Vielweniger den Leib um schnöden Sold verdungen;

Wer uns als Huren schilt und böse Titel gibt,
Dem sei der Teufel Schar auf seinen Kopf gesungen.
    Indessen kommen wir bald in die Wochen ein,
Es mag uns, wer da will, das Spiel für übel halten;
    Wir wollen tausendmal viel lieber Ammen sein,
Als bei der Jungfernschaft verschrumpeln und veralten.

HEINRICH MÜHLPFORT

Wische die ächzenden Tränen
    Von den Wangen dir ab,
    Willst du dir ein Grab
Durch die schwachen Seufzer bähnen?
    Laß mich wissen,
    Daß das Küssen
    Alle Schäden kann versüßen.

Perlen gehören den Wellen,
    Doch dein Wangen-Schnee
    Soll zu buntem Klee
In den Wiesen sich gesellen.
    Laß uns üben
    In dem Lieben,
    Warum willst du dich betrüben?

Trennet uns jetzo das Glücke
    Durch den harten Schluß,
    Daß ich scheiden muß.
Komm ich doch gewiß zurücke:
    Wenn die Bienen
    In dem Grünen
    Fliegen, will ich dich bedienen.

JOHANN VON BESSER

Ruhestatt der Liebe oder Die Schoß der Geliebten

Bei diesen brennenden und schwülen Sommertagen
Ließ Chloris sich einmal in ihren Garten tragen
Und suchte vor dem Brand der Sonne eine Kluft
Von kühler Witterung und schattenreicher Luft.
Sie setzte sich erhitzt bei einem Baume nieder
Und streckte bald darauf die perlenvollen Glieder
In das noch frische Gras, geruhiger zu sein,
Und schlief auch, wie sie lag, halb von der Seite ein.
Ihr Alabasterleib war nur mit Flor bekleidet,
Und weilen man den Zwang nicht bei der Hitze leidet,
Ward ihre bloße Brust im grünen Klee gespürt,
Die zur Gemächlichkeit sie eben aufgeschnürt.
Der sanfte Westen-Wind, bereit sie abzukühlen,
Ließ seinen Atem gleich auf diesen Wellen spielen
Und bließ mit stillem Hauch bei ihrer süßen Ruh'
Ihr aus der Floren Hand die weichsten Blumen zu.
Es wiegte gleichsam sie sein angenehmes Weben;
Doch als er sich bemüht, den leichten Rock zu heben,
Riß endlich unversehns von der gestreckten Schoß
Der vorgeschürzte Flor mit seinem Gürtel los.

Hilf Himmel, welcher Schmuck! Was süße Wunderwerke,
Der Schönheit größte Pracht mit aller ihrer Stärke,
Der Liebe Paradies ward hier uns aufgedeckt,
So Chloris uns bisher zur Sicherheit versteckt.
Das Liebste, das man kennt, und doch sich scheut zu nennen,
Weil auch das bloße Wort uns schon vermag zu brennen,
War hier insonderheit ganz ungewöhnlich schön
Und ließ sich auch vor Stolz hoch aufgebrüstet sehn.

Es lag wie ein Kastell von Marmor aufgeführet
In einem Liliental, den seine Gegend zieret,
Des Eingang von Rubin und ganze Lagerstatt
Nichts als ein Schattenwerk von Myrthen um sich hat.
Es sah von vorne zu (hier fehlt der beste Pinsel)
Als wie ein Grottenhaus, wie jene Morgeninsel,
Wo die Glückseligkeit den Tag zuerst beschaut
Und wo die Nachtigall in lauter Rosen baut.
Die zwei von Elfenbein so rund gewölbten Hüfte
Verdeckten diesen Sitz als ein paar gleiche Klüfte,
Durch deren Schutz kein Sturm auf das Gestade streicht
Und dieses Lustrevier dem steten Sommer gleicht.
Kein Apfel kann so frisch sich an dem Stengel halten,
Kein Purpur-Pfirsich ist so sanft und zart gespalten,
Kein kleiner Raum der Welt hat so viel Überfluß
Als in der Chloris Schoß der weiße Nabelschluß.
Die Sonne selbst, verliebt in so viel Zierlichkeiten,
Vergaß, dem Ansehn nach, im Laufe fortzuschreiten,
Und drung sich durch das Laub mit Hilfe von dem West.
Die Vögel hielten es für ein geblümtes Nest.
Die Brunnen wollten sich durch diesen Garten winden,
Die Blumen glaubten hier, ihr Blumenfeld zu finden,
Die Nymphen waren selbst wie halb darein vernarrt,
Und Zephyr küßt es kaum, so fand er sich erstarrt.

Der treue Celadon, dem sie zuvor entwichen,
War ihr ganz unvermerkt von ferne nachgeschlichen
Und ward des schönen Blicks so zeitig nicht gewahr,
Als er zugleich empfand die schlüpfrige Gefahr.
Die Liebe hieß ihn erst zwar seine Chloris ehren;
Doch wollte sie ihm auch, als Liebe, nichts verwehren;
Und wie sie uns entzückt zu dem Geliebten trägt,
Hat selbst sie seine Hand an Chloris Leib gelegt.

Er zuckt und bebete wie leichte Federflocken,
So sehr er es verlangt, so war er doch erschrocken.
Er tappte wie ein Mensch bei dicker Finsternis
Und wagte nicht die Hand, wohin sie doch sich riß.
Was half ihm alle Furcht vor dem geliebten Weibe?
Die Finger glitten aus auf dem polierten Leibe
Und rollten mit Gewalt vor das gelobte Land,
Das eine hohle Faust in allem überspannt.

Du armer Celadon, wie wurdest du betrogen!
Du wärest fast von Glut und Flammen aufgeflogen,
Wo du der Finger Brand zu kühlen hingesetzt
Und was du, aus der Form, für einen Spring geschätzt.
Du fühltest zwar nur Samt und lauter weiche Seide,
Du hattest in der Hand den Brunnquell aller Freude;
Wo die Ergötzlichkeit von Milch und Honig rinnt;
Doch dessen sanfte Flut mehr als der Schwefel zünd't.
Es war der kleine Brunn die funkenreiche Stelle,
Wo Aetna Feuer holt: die wundervolle Quelle,
Wo Heclens Flammenfluß aus Schneegebirgen quillt,
Und der dem Celadon die Adern angefüllt.
Er wußte nicht, was er vor Hitze sollt beginnen;
Er fing wie weiches Wachs vor Ohnmacht an zu rinnen
Und hätt', ich weiß nicht was, vor Raserei vollbracht,
Wenn Chloris nicht davon zum Unglück aufgewacht.

Sie stieß, noch voller Schlaf, mit ihren beiden Händen
Den fremd- und kühnen Gast von ihren weißen Lenden,
Der ihre zarte Schoß durchwühlet und verheert,
Und sprach, als sie ihn sah: Du bist des Stranges wert.
Hilf Himmel? Was ist das? Hast du den Witz verloren?
Ist dies die stete Treu, die du mir zugeschworen?
Hast du der Chloris Zorn so wenig denn gescheut,

64

Daß du auch freventlich ihr Heiligtum entweiht?
Daß du! Welch eine Tat! – Sie konnte nicht mehr sprechen
Und wollte sich an ihm mit ihren Tränen rächen.
Sie sprang mit Ungestüm von ihrem Lager auf
Und eilt aus seinem Arm durch einen strengen Lauf.

Alleine Celadon fiel gleich zu ihren Füßen
Und wußte, selbige so fest an sich zu schließen,
Daß sie, was sie auch tat, bei ihm darnieder sank,
Und er sie zum Gehör nach vielen Klagen zwang.
Er lag, sie haltende, vor den erzürnten Knien
Und sprach: Mein Fehler wird zu groß von dir beschrien.
Ich bitte durch den Brand, der meine Seele plagt,
Durch jene Dämmerung, die um dein Auge tagt,
Durch deine Tulpenschoß, durch deine Nelkenbrüste,
Durch die von beiden mir noch unbekannten Lüste,
Durch deine schöne Hand, die mich jetzt von sich stößt?
Was hab' ich denn verwirkt, daß Zephyr dich entblößt?
Daß ich es mit beschaut, was dessen Hauch verübet,
Daß ich es angerührt, was Erd' und Himmel liebet,
Was selbst der Götter Mund begierig hat geküßt,
Und was der Inbegriff von deiner Schönheit ist.
Es ist ja deine Schoß der Auszug aller Zierde,
Der enge Sammelplatz der schmeichelnden Begierde,
Das Rund, wo die Natur zusammen hat gedrängt,
Was sich nur Reizendes den Gliedern eingemengt.
Hier ist der kleine Schatz, der deinen Reichtum zeiget,
Der lebendige Thron, der alle Szepter beuget,
Der süße Zuckerkreis, der unsern Geist bestrickt,
Und des' Beschwörungswort die Felsen auch entzückt.
Ach! Chloris, wolltest du, daß ich gewichen wäre!
Bedenke doch die Schmach und deiner Schönheit Ehre.
Ich hätte ja die Macht der Lieblichkeit verhöhnt,

Wenn ich nicht deine Schoß mit meiner Hand gekrönt.
Kann Phrynens[1] bloße Brust des Richters Zunge lähmen,
Wie soll nicht deine Schoß uns unser Herze nehmen?
Wird man durch einen Blick der Gorgonen[2] zum Stein,
Wer kann unaufgelöst bei deiner Allmacht sein?
Wer ein Gefühle hat und hier doch nicht empfindet,
Wen der Gedanke nur nicht alsobald entzündet,
Wer diesem Schoß-Altar zu opfern nicht begehrt,
Der ist viel billiger des engen Stranges wert,
O möchtest du einmal, was wir die Liebe nennen,
Mehr nach den Wirkungen als nach dem Namen kennen!
Du würdest, für den Zorn, mir willig zugestehn,
Man könne sonder Raub hier nicht zurücke gehn.

Die Chloris hatte noch bei allen diesen Klagen
Noch nicht vor Scham und Grimm die Augen aufgeschlagen;
Doch sah sie endlich ihn von einer Seite an,
Wodurch er neuen Mut zu ihrer Huld gewann.
Er suchte sie darauf, mit rechten Weisheitsgründen
Und selbst aus der Natur zum Beifall zu verbinden:
Daß alles, was nur lebt, was nur die Liebe zwingt,
Notwendig zu der Schoß als seiner Ruhstatt dringt.
Es hat selbst die Natur, sprach er, dafür gestritten,
Nachdem sie es gesetzt recht in des Leibes Mitten;

---

1 Diese Phryne stund zu Athen vor Gerichte und sollte verurteilt
werden. Aber als ihr listiger Advokat ihr den Schleier abgerissen und
ihre bloße Brust den Richtern sehen lassen, wurden sie von ihrer
Schönheit so eingenommen, daß sie das Urteil änderten und die Be-
klagte los sprachen.
2 Dies waren drei Schwestern von so entzückender Schönheit, daß sie
keiner ohne Erstaunen ansehen können, und die Poeten daher gedich-
tet, als wenn man gar über deren Anschauen zu Stein geworden.

Wo dieser Mittelpunkt der kleinen Wunderwelt
Auch den geheimen Zug des Punktes in sich hält.
Gleichwie ein jedes Ding zu seinem Zirkel eilet,
Der Stein nicht in der Luft zu lange sich verweilet,
Das Feuer rüstig fleucht, erlassen, in die Höh',
Und jeder Fluß verläuft in seine Mittelsee:
So wird vielmehr zur Schoß, dem Mittelpunkt im Lieben,
Was Geist und Atem hat, durchdringend angetrieben.
So grimmig ist kein Bär, hier hält er keinen Stich,
Ihn reißt der kleine Punkt, so wild er ist, zu sich.
Das Schuppenvieh im Meer, was hilft sein schnelles
                                                        Schwimmen?
Es muß durch diesen Zug doch aneinander klimmen;
Der Vogel in der Luft ist schüchtern, schlau und leicht,
Doch siehst du, wie ihn stets das Weibchen nach sich zeucht.
Vor allen aber hat der Mensch den Trieb empfangen,
Und unsere Vernunft vermehret das Verlangen;
Die auch viel eifriger nach dieser Heimat strebt
Und sich nicht eh vergnügt, als bis man daran klebt.
Wie der Magnet mit Macht das Eisen an sich ziehet,
Wie nach dem Norden-Pol die Nadel schlägt und ziehet,
So ist der Liebsten Schoß der Nord und der Magnet,
Wohin der ganze Wunsch wahrhafter Menschen geht.
Man sagt: die Venus sei, ihr Wesen zu verstellen,
Nicht nach gemeiner Art, besonders aus den Wellen
In einer Muschel Helm empfangen und gezeugt,
Wo sie des Meeres Schaum gewieget und gesäugt.

War glaubet solches nicht, der Venus' Tun erwäget?
Weil aber eine Schoß der Muschel Bildnis träget,
Glaub ich, daß Venus gar, was sie ans Licht gebracht,
Hernach zu einer Schoß der ganzen Welt gemacht.
Daß, als die Herrscherin ihr Muschelschiff verlassen,

Sie, aller Menschen Herz in diesen Schrein zu fassen,
Die Muschel in die Schoß der Weiber eingeschränkt
Und sich nachgehends selbst zur Wohnung nachgesenkt.

Wenn diesem also ist, wie wir es glauben müssen,
Kein Wunder, daß uns denn die Schoß zu sich gerissen,
Wo alle Reizungen, wo Venus und ihr Kind,
Die Liebe, ja wir selbst, mit ihr geboren sind.
Kein Wunder, daß man wünscht, in dieser Muschelwiegen,
Weil sie darinnen wohnt, der Venus beizuliegen,
Daß man die Liebe sucht, wo ihre Lagerstatt,
Da, wo dies kleine Schild ihr Haus bezeichnet hat.
Die Liebe will auch sonst sich nirgends lassen dienen,
In dieser Höhle ist sie einzig uns erschienen,
Dies ist der Götterhain, wo sie sich offenbart
Und unser Herz zugleich erforschet, prüft und paart.
Weil die Natur das Herz in uns verdecken wollen,
Wie hätten wir es doch jemals erkennen sollen,
Wofern die Liebe nicht die Schoß darzu ersehn,
Das unsichtbare Herz durch Werke zu verstehn?
So aber können wir es höchsterwünscht ergründen,
Was nicht das Auge sieht, läßt uns die Schoß empfinden;
Anstatt sich nur zu seh'n, so spürt man das Gemüt,
Und siehet durch die Tat, was nicht das Auge sieht.
Wenn denn ein treues Paar in süßer Glut entglommen
Und deren Seelen nun zusammen wollen kommen,
Bescheiden sie sich nur an den bestimmten Ort,
Und dieses Schifflein setzt sie über an den Port.
Da sprechen sie sich denn, da lernen sie sich fühlen,
Da wissen sie im Fleisch zu brennen und zu spielen,
Bis der versteckte Leim aus allen Adern schäumt
Und den vermischten Geist gar aneinander leimt.

Ach Chloris, die du rühmst, du habest mich erwählet,
Woraus erkenn' ich es, wenn du mir das verhehlet,
Was die Natur uns selbst zur Ruhestatt gesetzt
Und wornach man allein der Liebe Wahrheit schätzt?
Ein Freund ist nicht ein Freund, der uns was kann verhalten,
So lang er uns mit sich nicht läßt nach Willen schalten;
So lange hat gewiß die Liebe nichts getan,
Als sie nicht alles gibt, was sie nur geben kann.
Du aber hast mir gar den besten Teil entzogen,
Dein Leib weiß nichts davon, daß mir dein Herz gewogen,
Das Herze sieht man nicht, der Leib muß Zeuge sein,
Wem glaub' ich? Du sprichst ja, und deine Schoß spricht nein.
Was hab' ich im voraus vor andern, die dich kennen?
Liebst du mich nicht genug, mir dies von dir zu gönnen?
Ich bin im Eigentum ein unbekannter Gast,
Und für wen sparest du das Liebste, das du hast?
Du wirst doch diesen Schatz nicht für dich selbst vergraben;
Wie, oder soll es gar ein ander als ich haben?
Nein, Chloris, höret mir dein Herze, wie man spricht,
So wehre mir denn auch des Herzens Eingang nicht.

Er fuhr voll Eifers auf um dieses Unrechts willen.
Doch Chloris wußte bald, ihn wieder zu bestillen;
Sie zog, nunmehr erweicht, nach dem bezeugten Haß
Den ausgesöhnten Feind mitleidig in das Gras.
Man meint: daß, weil er sich bescheiden überwunden,
Der Chloris Schoß gesehn und einmal bloß gefunden,
Die Götter ihn hieher auch wunderbar gebracht,
Sie endlich seiner Treu' Beständigkeit bedacht;
Sie endlich ihn getröst' nach seinem langen Leiden,
So daß auch dessen Glück die Gegend wollen neiden;
Sie aber nach der Zeit, wenn ihnen was gefehlt,
Dies süße Sorgengrab zur Linderung gewählt.

ERDMANN NEUMEISTER

An Lisetten

So willst du nun durchaus ins Nonnenkloster geh'n
  Und in der Heiligkeit als eine Schwester steh'n?
Nun gut, ich habe mir den Mönchsstand vorgenommen,
So darf ein Bruder wohl zu einer Schwester kommen.
  Lisette, laß mich nur in deine Zelle ein,
  Im Beten sollst du selbst mein Paternoster sein.

ANONYM

Lustgespräch zweier herzlich-verliebten Personen, vorgestellet unter einem Schäfer und Schäferin, Thyrsis und Psyche genannt

Thyrsis

Kennt Psyche diese Brunst und weiß mein treues Lieben,
  Warum wird Thyrsis dann zu keiner Zeit vergnügt?
Warum will man die Lust ihm weiter noch verschieben?
  Die Lust, durch welche man der Liebe Brunst besiegt.
Denk, Psyche, daß dir dies nicht wird zum Ruhm gereichen,
  Daß du verliebet machst und steckest Feuer an,
So du nicht löschen willst. Laß dich, mein Kind, erweichen,
  Schenk' mir die süße Schoß, die mich ergetzen kann.

Psyche

Mein Thyrsis, deine Brunst ist gar zu sehr entzündet,
  Ich seh' die Flamme wohl und deiner Liebe Glut
Und wie du nur auf mich dein Hoffen hast gegründet,
  Doch glaube mir, du eilst mit gar zu schnellem Mut.

Geh' in dich selbst hinein und überleg' es eben,
  Ernt't auch der Ackersmann wohl eh'r den Weizen ein?
Und pflegt der Winzer auch, den Wein wohl eh'r zu heben,
  Bevor sie beiderseits bemüht gewesen sein?
Zwar weiß ich, daß du mich, mein Thyrsis, stets geliebet,
  Dein Blick hat jederzeit mir deine Gunst gezeigt.
Dein Geist hat sich mit mir erfreut und auch betrübet,
  Ich müßte steinern sein, wär' ich dir nicht geneigt.
Ich sag es noch nicht all: Ich bin dir zwar gewogen.
  Doch hat dein edler Sinn mich auch verliebt gemacht.
Ich hab' aus deinem Mund die Liebe selbst gesogen,
  Als Amor dich zuerst mir zu Gesicht gebracht.
Dies alles reizt mich zwar, dein Bitten zu vergnügen,
  Doch hält mich anderseits die Furcht und Hoffnung ab;
Der Lüste blauer Dunst, der soll mich nicht betriegen,
  Weil ich die Tugend mir zum Zweck gesetzet hab'.

Thyrsis

Was hilft mich's, daß dein Mund so viel von Lieben saget,
  Ja, daß er eitel Treu und Glauben mir verspricht?
Wenn du, so oft ich dich nur um ein Ja gefraget,
  Mir den Bescheid erteilst: Ich will und tu es nicht.
Die Tat, die ist gewiß zu schlimm, sie zu beschönen,
  Auch kann der Grausamkeit so gar kein Deckel sein;
Was du hier suchst, von Furcht und Hoffnung zu erwähnen,
  Sind nur gefärbte Wort' und nichts als leerer Schein.
Denn ist dein Geist mit mir in Einigkeit verbunden,
  So sei im Hoffen auch bei uns kein Unterscheid;
Nun hab' ich in der Tat, ihr Weiber, wahr befunden,
  Daß ihr in Worten so – und so im Herzen seid.
Ja, wolltest du dich nur recht in die Liebe finden,
  So würdest du alsdenn in keiner Furcht mehr steh'n.
Wer liebt, der kann die Furcht und Hoffnung überwinden

Und mitten in Gefahr mehr als zu sicher geh'n.
Wir wollten unsrer Lust in Lieb' und Ruh genießen,
    Es sollte keiner nicht ein Wörtchen sagen nach;
Wer würde wohl von uns und unsrer Liebe wissen,
    Wenn wir alleine sein bei jener stillen Bach?
Bei jener stillen Bach, da unsre Herde weidet,
    Und keinem, außer uns, zu hüten ist vergunnt;
Da sich das grüne Feld von grünen Büschen scheidet,
    Wenn Tellus tritt hervor mit dem belaubten Mund:
Wohlan! so reiche mir den Nektar deiner Brüste
    Und schenke mir die Lust mit vollem Maße ein.
Laß diesen Ort, da ich zum erstenmal dich küßte,
    Auch jetzo von Genuß der Liebe Zeuge sein.

Psyche

Halt ein, man pfleget nicht, die Frucht sofort zu brechen,
    Zu der uns nur gelüst'. Wenn eine geile Hand
Die Rosen rauben will, so pflegt der Dorn zu stechen,
    Darum, wenn Thyrsis liebt, so lieb' er mit Verstand.
Er leite seinen Sinn auf züchtige Gedanken
    Und trete freche Lust mit Füßen unter sich;
Er lasse seinen Schritt nicht von der Tugend wanken
    Und kämpfe seinen Kampf im Lieben ritterlich.
Wir sind bei weiten nicht schon aller Furcht entbunden,
    Das Glück ist ungewiß, es fehlt noch viel daran.
Ob du, mein Thyrsis, gleich ein Mittel hast erfunden,
    Daß unsre Heimlichkeit kein Mensch ergründen kann.
Zwar ist die rechte Tür zu userm Vorteil offen,
    Doch stehet uns zur Zeit nicht eben alles frei;
Was du bereits begehrt, mußt du als künftig hoffen,
    Die Lust, wenn sie zu früh, gebäret späte Reu'.
Wir wollen unterdes hieran vergnüget leben,
    Was uns der stille Ort und unsre Zucht vergünnt.

Ich will dir Mund und Herz und tausend Küsse geben,
    Du sollst mein Engel sein, mein Schatz, mein liebstes Kind.
Was über dieses ist, das halt ich fest verschlossen,
    Es ist von Glas gemacht, rührt man's, so bricht es bald;
Nur wir sind übel dran, ihr, wenn ihr es genossen,
    Geht eurer Wege fort, uns macht der Kummer alt.
Dann schläget über uns Angst, Not und Furcht zusammen,
    Ein jeder lacht uns aus, wir werden Kinderspott,
Es zeuget jeder Stein von unsern geilen Flammen,
    Wir gehn mit Schmach einher und sind lebendig tot.
Drum wenn du mich mit Ernst und rechter Treue meinest,
    So schaue, daß dein Wunsch mir auch nicht schädlich sei,
Und bist du in der Tat, wie du von außen scheinest,
    So bin ich des gewiß und alles Zweifels frei.

Thyrsis

Wenn deinen klugen Geist und hochbegabte Sinnen,
    (Als welchen es an Witz und Tugend nicht gebricht)
Ich nicht schon längst erkannt von außen und von innen,
    So würd' ein hartes Wort dir jetzt sein zugericht'.
Ich würd' ein ganzes Lied von deiner Falschheit singen,
    Und wie dein kaltes Herz, mit Mißtrau'n angefüllt,
Ach Unbewegliche! mich suchet umzubringen,
    Indem dein Hartsein mich mit Trauerflor umhüllt.
Denn würd' ich ungescheut dir unter Augen sagen:
    Kannst du mit meinem Tod denn nicht zufrieden sein?
Mußt du mich noch zuvor mit tausend Martern plagen?
    Eh' in dem Grabe mich dein Grimm gesenket ein.
Soll denn mein treues Herz und ungefärbtes Lieben,
    Das die Beständigkeit als Meisterin regiert,
Durch deinen Argwohnswind stets werden umgetrieben,
    Bevor du weder Fleck noch Fehl an mir verspürt?
Wohlan! so will ich gern mit meinem Tod bezeugen,

Daß du, o Grausame! mir weit zu viel getan;
    Doch soll sich auch dein Ruhm zugleich zur Erden beugen,
    Wenn man die Ursach' wird des Todes sehen an.
So würd' ich ungefähr dich angeredet haben,
    Wenn mir nicht deine Treu und Neigung wäre kund;
Nun aber seh' ich mehr auf deiner Klugheit Gaben
    Und trau' dem Herze zwar, nicht aber deinem Mund.
Dein Herze lässet dich nicht Argwohn auf mich tragen,
    (Wiewohl dein Mund von nichts als Furcht und Mitleid
                                        spricht)
Und was du pflegst von uns und unsrer List zu sagen,
    Das, wie ich sicher weiß, ist nicht auf mich gericht'.
Die Liebe, die mich hin zu deinen Füßen leget,
    Ist nicht von gestern her, ich hasse solchen Brand,
Der sich in unsrer Brust von ungefähr erreget
    Und alsofort verlöscht, fast eh' wir ihn erkannt.
Zwar als ich deine Zier und dich zum ersten sahe,
    Empfand ich alsofort von oben einen Zug;
Es war was Seltenes, das damals mir geschahe,
    Doch war bei weitem es zur Liebe nicht genug.
Ich fing nur nach der Hand und mählich an zu brennen,
    Bis endlich mit der Zeit mein Feu'r zum Stande kam.
Drum wird man künftig auch mein Lieben ewig nennen,
    Weil es durch lange Zeit recht Wurzeln an sich nahm.
Ich kann dich nun nicht mehr, als du besorgst, verlassen;
    Ich habe, Psyche, dich mir zu gewiß erkiest.
Ich bin dir ewig hold, ich kann dich nimmer hassen,
    Weil du mein Aufenthalt und mein Vergnügen bist,
Laß du nur einen Blick auf meine Scheitel schießen
    Und denke: Thyrsis ist es endlich noch wohl wert.
Man laß ihn, was er längst so sehnlich hofft, genießen,
    Die Braut bleibt billig dem, der treulich liebt, beschert.

Psyche

Ist's mit dir so bewandt, und willst du's also haben?
    Das hätt' ich nicht gedacht! Nein, Thyrsis ist kein Kind;
Er ist bereits zu klug und hat zu freie Gaben,
    Dergleichen einer nur bei frommen Kindern find't.
Er kann von seiner Lieb' ein Haufen Worte machen,
    Ich muß ihm endlich doch nur zu Gefallen sein
Und glauben seinem Mund und allen Sachen sein.
    Wie schleicht so unvermerkt die Liebe bei mir ein?
Doch will ich dieses noch hiermit voraus bedingen,
    Daß er nur mir allein hinfort ergeben sei
Und sich bemüh', dahin die Meinigen zu bringen,
    Daß sie mich ehelich ihm künftig legen bei.

Thyrsis

Mein Tun ist dein Befehl, dein Wollen mein Vergnügen;
    Ich ehre deinen Spruch und deine Trefflichkeit.
Wer wollte sich wohl nicht vor einer Göttin schmiegen,
    Die so gar gütig sich zu unsrer Hilf' erbeut?
Sagt mir, ihr Najaden, was hier für Götter wohnen?
    Ich seh' ein Götterbild und weiß nicht, was es heißt:
Es scheint, es habe sich, mein Lieben zu belohnen,
    Die Venus selbst versteckt in Psychens edlen Geist.
Ich glaube, dieser Ort und lustige Gestaden,
    Die ziehen gar vielleicht die Götter zu sich her;
Pflegt sich die Venus auch bisweilen hier zu baden?
    Vielleicht ist euer Bach ihr lieber als das Meer.
Ich bleibe noch dabei, ich muß dich göttlich nennen,
    Dein Auge bildet mir die Juno selbsten vor.
Es möchte Jupiter vor deiner Liebe brennen,
    So hoch schwingt, Psyche, sich dein edler Geist empor.
Die wollenweiche Hand und deren zarte Finger,
    Die geben nichts nicht nach Minerven ihrer Zier;

Der weißen Brüste Paar, die allerliebsten Dinger,
  Derselben Schönheit geht weit Aphroditens für.
Dein wohlgesetzer Fuß und rundgewölbte Waden,
  Die zeigen einen Schnee, der unsre Seel' erquickt,
Dergleichen Thetis auch, wenn sie sich pflegt zu baden,
  Bald aus der See erhebt, bald wieder unterdrückt.
Wie glücklich mag der sein, der deine Schönheit schauet?
  Wie selig aber der, so deine Rechte küßt?
Ja welcher seine Lust auf deinen Brüsten bauet,
  Da glaub' ich, daß gewiß derselb' halb göttlich ist.
Ach, sollte sich mein Fuß mit deinen Schenkeln paaren
  Und ließest du, mein Kind, mich völlig zu dir ein?
Was, meinst du, würde mir alsdann wohl widerfahren?
  Ich würde gar vielleicht mehr als unsterblich sein.

Psyche

Ich geh' in einem Meer, das voll Verwunderns, unter,
  Vor Sachen, die ich nicht versteh', erstarr' ich recht;
Bald komm' ich aus mir selbst, bald werd' ich wieder munter,
  Weil kein geborgtes Lob mir meine Sinnen schwächt.
Wie ist es? sucht dein Mund mich etwa zu betören?
  Weil er ein jedes Wort mit Schmeichelfarbe ziert.
Sag an, was ist es denn? ich muß es endlich hören;
  Denn wer zuvor nicht beicht', der wird nicht absolviert.

Thyrsis

Komm, meine Schöne, komm! Hier unter diesen Fichten,
  Das, was ich sagen will, geht mich und dich nur an.

Psyche

Was willst du da mit mir, du loser Schalk, verrichten?
  Ich weiß nicht, ob ich dir so leichtlich trauen kann.

Thyrsis
Komm nur, du wirst es ja schon selbst beizeiten sehen,
  Und fürchte dich vor nichts, dieweil ich bei dir bin.

Psyche
Ja eben fürcht' ich mich vor dir, mit dir zu gehen.
  Doch mag es sein gewagt. Ich folge deinem Sinn.

Thyrsis
Mein, setze dich zu mir hier unter diesen Eichen,
  Wo uns die Flora selbst ein buntes Kissen schenkt.

Psyche
Was nimmst du Kühner vor? was suchst du zu erschleichen?
  Daß unter meinen Rock sich deine Rechte senkt.

Thyrsis
Es kam von ungefähr und hat nichts zu bedeuten,
  Hat doch ein Bräut'gam dies der Braut wohl eh' getan.

Psyche
Ich bin zu jung dazu, drum lauf ich weg beizeiten.
  Nein, Freund! es geht bei mir dergleichen Ding nicht an.

Thyrsis
Fleuch nicht, du möchtest sonst die Götter zornig machen.
  Es ist Cupido selbst und Venus mit im Spiel.

Psyche
Die Götter kenn' ich nicht, ich muß nur ihrer lachen,
  Die Mutter und der Sohn, die tun mir gleiche viel.

Thyrsis

Wohlan! so lerne sie anitzo denn erkennen.
 Es lebt und leibt die Welt allein durch ihre Gunst.

Psyche

Doch sorg ich, möchten sie mich ganz und gar verbrennen,
 Man sagt, ihr Wesen sei ein Feu'r, ihr' Arbeit Brunst.

Thyrsis

Dies Feuer zündet an die angenehmen Flammen,
 Durch welche sich bei uns ein neuer Phöbus zeigt.

Psyche

Laß mich, wir kommen sonst noch wohl einmal zusammen,
 Schau, wie sich allbereit der Tag zum Ende neigt.

Thyrsis

Jetzt gehet Phöbus hin, der See sich zu vermählen,
 Die beste Buhlerzeit ist, wenn der Tag gebricht.

Psyche

Du magst nach deiner Art die Zeit und Stunden zählen,
 Ich hab' hier nichts zu tun, von Buhlen weiß ich nicht.

Thyrsis

Das, was du nicht verstehst, kannst du von mir jetzt lernen.
 (Verleihe, Venus, mir von oben deine Kraft!)

Psyche

Ihr Götter steht mir bei, ach helft, ihr güldnen Sternen!
 Wo nicht, so ist's gescheh'n mit meiner Jungferschaft.

Thyrsis

Nach deiner Jungfernschaft wird Jupiter nichts fragen.
  Aus Jungfern hat er selbst oft manche Frau gemacht.

Psyche

Wenn Jupiter nicht hört, will ich's den andern klagen:
  Diana, rette das, was ich dir zugedacht.

Thyrsis

Ach, lerne dich, mein Kind, nur in die Weise schicken,
  Dein Rufen ist zu spät, die Göttin hört dich nicht.

Psyche

Dieweil es mir denn nicht will wider dich gelücken,
  Wohlan! so sei mein Sinn zu deiner Lust gericht'.

Thyrsis

Ich gebe dir dafür mein Haus und Hof zu Lohne,
  Hilf nur, daß unsre Lust anitzt vollkommen sei.

Psyche

Mich deucht, es ist genug zu einem jungen Sohne.
  Hör' auf! du legest mir zu große Schmerzen bei.

Thyrsis

Die Schmerzen töten nicht, sie sind zu überwinden,
  So oft man Weiber macht, so tut's den Jungfern weh.

Psyche

Laß ab, mein liebster Schatz, dich gar zu tief zu gründen,
  Auf daß mein Leben nicht mit deiner Lust vergeh'.

Thyrsis
Verzeih, es wird sich jetzt der süße Tau ergießen,
  Ich merke, wie die Lust zu meinen Adern dringt.

Psyche
Und ich fühl' Honigseim in meinem Busen fließen,
  Die Wollust macht mich satt – – –

Thyrsis
– – – Mich hat sie schon umringt.
Ach Schatz! ach! ach! – – –

Psyche
– – – Mein Kind! Ach Liebster! ach mein Leben!
Ist das nicht Zuckerlust? – – –

Thyrsis
– – – Ach ich bin ganz entzückt!

Psyche
O süßer Lebenstau! den mir mein Schatz gegeben.

Thyrsis
O süßer Lebensquell, wie hast du mich erquickt!

Psyche
Es ist mir meine Brust vor Wollust aufgequollen,
  Die Hügel hüpfen mir vor Freuden hoch empor.

Thyrsis
Mein ganzer Leib, der ist von vieler Brunst zerschwollen.
  Nachdem mir deine Gunst geöffnet hat das Tor.

Psyche
So hast du, Thyrsis, doch noch über mich gesieget,
  Dieweil in meiner Schoß dein Siegeszeichen steckt.

Thyrsis
Den Sieg hat dir vielmehr der Himmel zugefüget,
  Der mich vor deine Knie gefangen hingestreckt.

Psyche
Diana, zürne nicht, daß ich mit Amors Waffen,
  Als andre Kraft gebrach, zu Felde gangen bin.

Thyrsis
Wenn gleich Diana zürnt, kann Venus doch verschaffen,
  Daß dir nicht schädlich sei ihr hart erboster Sinn.

Psyche
Auf! auf! wir müssen fort, es rauscht dort bei den Büschen,
  Wer weiß, was jener Baum für einen Schleicher hegt?

Thyrsis
Die Fichten wollen sich von unsrer Lust besprechen,
  Weil sie der kühle West durch seine Macht bewegt.

Psyche
Ich muß nun wieder hin zu unsern Schafen eilen,
  Die Phyllis ruft mich selbst, leb wohl, o meine Zier!

Thyrsis
Dieweil du denn allhier nicht länger kannst verweilen,
  So nimm für dieses Mal den letzten Kuß von mir.

Psyche

Ich muß dem Leibe nach dir jetzt zwar Abschied geben,
   Doch mein verliebter Geist wird allzeit bei dir sein.

Thyrsis

Leb wohl, und liebe wohl, und leide wohl, mein Leben!
   Und denke: Treue Lieb' ist immer ohne Pein.

CHRISTIAN HOFFMANN
VON HOFFMANNSWALDAU

So soll der Purpur deiner Lippen
   Jetzt meiner Freiheit Bahre sein?
Soll an den korallinen Klippen
   Mein Mast nur darum laufen ein,
Daß er anstatt dem süßen Lande
Auf deinem schönen Munde strande?

Ja, leider! es ist gar kein Wunder,
   Wenn deiner Augen sternend Licht,
Das von dem Himmel seinen Zunder
   Und Sonnen von der Sonne bricht,
Sich will bei meinem morschen Nachen
Zu einem schönen Irrlicht machen.

Jedoch der Schiffbruch wird versüßet,
   Weil deines Leibes Marmelmeer
Der müde Mast entzückend grüßet
   Und fährt auf diesem hin und her,
Bis endlich in dem Zuckerschlunde
Die Geister selbsten geh'n zugrunde.

Nun wohl! Dies Urteil mag geschehen,
    Daß Venus meiner Freiheit Schatz
In diesen Strudel möge drehen,
    Wenn nur auf einem kleinen Platz
In deinem Schoß durch vieles Schwimmen
Ich kann mit meinem Ruder klimmen.

Da will, sobald ich angeländet,
    Ich dir ein' Altar bauen auf,
Mein Herze soll dir sein verpfändet
    Und fettes Opfer führen drauf;
Ich selbst will einig mich befleißen
Dich Gött- und Priesterin zu heißen.

BENJAMIN NEUKIRCH

An Charatinen

Wie irret doch das Rad der menschlichen Gedanken!
    Wir bilden öftermal uns dies und jenes ein:
    Jedoch wenn Schluß und Rat kaum unterschrieben sein,
So fängt der leichte Sinn schon wieder an zu wanken.
Mein Kind, ich will dich nicht mit Sittenlehren speisen;
    Mein Brief war neulich kaum nach – – abgeschickt,
    Die Augen waren erst vom Schlafe zugedrückt,
Da reizte mich die Lust, schon wieder nachzureisen.
»Pfui«, sprach ich, »läßt du so die süße Zeit verschießen?
    Strahlt deine Sonne dich mit toten Blicken an?
    Wer ist, der deinem Tun hier Grenzen setzen kann?
Und wer, der deinen Geist in Fesseln denkt zu schließen?
Willst du die Nase nun erst in die Bücher stecken?
    Ach, allzu schwache Kraft für deine Liebespein!

Da muß kein totes Öl und fauler Balsam sein,
Wo sich die Funken schon in lichte Flammen strecken.
Weg mit der Phantasie! Weg mit den Federpossen!
    Ein Mädchen ist weit mehr, als alle Bücher wert.
    Der hat sein Glücke schon in Asch' und Graus verkehrt,
    Der in das Cabinet auch Seel' und Geist verschlossen.«
Mit diesem sprang ich auf, fing alles an zu schmeißen,
    Riß Zettel und Papier in hundert Stück' entzwei,
    Und sprach: »Die Last ist hin und Abimenin frei:
So muß ein ein tapfres Herz durch tausend Stricke reißen.
Ein Blatt, ein kahles Blatt soll meine Freiheit binden?
    Ja, (fuhr ich weiter fort) das stünde Schülern an:
    Ich habe längstens schon dir, Liebste, dargetan,
Daß ich in dir allein will meinen Kerker finden.«
Der Eifer mehrte sich, wie meine Liebeskohlen,
    Gleich aber als ich noch die letzten Worte sprach,
    Da trat des Fuhrmanns Knecht in unser Schlafgemach,
Um den verdienten Lohn von neulich abzuholen.
Er ließ sich unverhofft durch meine Lust bewegen,
    Befohlen und gescheh'n – war alles nur ein Wort:
    Ich saß mit Thyrsis auf und fuhren beide fort,
Um dir die Liebesschuld, mein Engel, abzulegen.
Es schien, der Himmel selbst bestrahlte mein Verreisen,
    Die Winde ließen nichts als Ambra-Lüfte wehn,
    Die Wolken mußten uns in tausend Rosen sehn,
Und Auge, Mund und Herz mit voller Anmut speisen.
Die Pferde säumten nicht den leichtbeladnen Wagen,
    Die Räder flohen schnell wie Pfeile, Strom und Blitz,
    Die Glieder fühlten kaum den hart gebauten Sitz
Und wurden wie ein Stein durch dicke Luft getragen.
Und so weit müßte mich das blinde Glücke küssen.
    Darauf nahm Sandau uns zur Abendtafel ein:
    Ach, Sandau! daß du sollst mein Trauerdenkmal sein!

Ach Sandau, daß du mich in diese Not gerissen!
Warum hab' ich doch hier die Liebe müssen brechen?
   Warum hat dich mein Herz mit Tränen angeschaut?
   Ach, Sandau! hätt' ich nicht auf deinen Sand gebaut,
So dürfte nicht der Tod jetzt meine Sünde rächen.
Verzeihe, liebstes Kind, ich muß es nur bekennen,
   Ein Weib, ein schwaches Weib hat meinen Kranz entführt;
   Doch wo dich noch ein Strahl der alten Liebe rührt,
So laß nicht deinen Zorn wie meine Laster brennen.
Nicht wund're, Schönste, dich, wie dieses zugegangen:
   Ich nahm von ihrer Hand nur einen Becher Wein,
   Der Becher flößte mir den Liebesnektar ein,
Und ich ward wider Art ganz unvermerkt gefangen.
Da sah ich ihr Gesicht wie hundert Sonnen blitzen,
   Sie schien mir etwas mehr als Venus selbst zu sein.
   Und das verborg'ne Gift der stillen Liebespein
Fing an mit aller Macht in meiner Brust zu schwitzen.
Die Tafel ward darauf mit Tüchern überzogen,
   Hier trug man Löffelkraut und Haselhühner auf
   Und setzte vor Begier die scharfen Messer drauf,
Dort ward der süße Wein aus Gläsern eingesogen.
Was uns der starke Saft für Geister eingegossen,
   Wie sich die stille Glut im Busen angesteckt,
   Was für ein Liebesstrom mir meine Brust befleckt
Und wie mein mattes Herz von Flammen fast zerflossen,
Ist, Schönste, dies Papier zu wenig abzureißen;
   Genug; der Schlaf zerbrach den Augen ihren Schein,
   Ein jeder scharrte sich ins weiche Lager ein;
Ich aber fing allein aus Trauer an zu kreißen.
Amanda (so will ich die geile Venus nennen)
   Lag dichte neben mir zur Seiten mit der Brust,
   Mein Seufzen war ihr Trost, und meine Liebeslust
Schoß auch verborg'ne Glut, ihr Feuer anzubrennen.

»Ach, daß ich«, sagte sie, »dein Leiden könnte stillen,
    Ach, kühlte meine Brunst auch, Liebster, deine Pein,
    So müßte diese Brust jetzt nicht verschlossen sein
Und dieses dünne Zeug nicht meinen Leib umhüllen.
Ich netzte deinen Mund mit hunderttausend Küssen,
    Es würde nichts als Lust aus allen Adern gehn,
    Die Lippen müßten dir in vollem Amber stehn,
Und mein erhitzter Schoß mit Muskateller fließen:
Nun aber kenn' ich nicht die Quelle deiner Wunden.
    Es muß was Höher's sein, das deine Freude bricht,
    Dein Kummer stammt aus mir und meiner Anmut nicht,
Sonst wäre schon der Trost für deine Not gefunden.«
Mir war durch dieses Wort die Seele fast entrissen,
    Doch stieß ich, wo mir recht, noch diese Seufzer aus:
    »Bleibt, Schönste, deine Brust nur meiner Wollust Haus,
So weiß mein Sonnenlicht von keinen Finsternissen.«
»Was Brust?« versetzte sie, »das Herze steht dir offen,
    Komm, reiß den Blumenschatz nach deinem Willen hin,
    Komm, küsse, bis du satt, ich aber kraftlos bin,
Und endlich beide wir in Liebe sind ersoffen.«
Drauf ließ das kühne Weib die Federdecke fliegen
    Und gab den geilen Leib von allen Ecken bloß,
    Hier sprang das leichte Schloß von ihren Brüsten los,
Dort sah ich noch was mehr in voller Flamme liegen.
Das leichte Marmelspiel der apfelrunden Ballen,
    Der schneegebirgte Bauch, der purpurrote Mund
    Und was noch etwa sonst hier zu berühren stund
Ward, leider! allzu stark zu meiner Unglücksfallen.
Ich Ärmster konnte mir nicht länger widerstreben,
    Ich warf mich in den Schlamm der sündenvollen Lust,
    Ich drückte Leib an Leib und wieder Brust an Brust
Und wünschte nichts, als so mein Leben aufzugeben.
Mein Leben, das allein an meiner Liebsten Augen,

Mein Leben, das allein an ihrem Herzen hing,
    Und das, wenn meiner Brust der Atem gleich entging,
Doch wieder konnte Saft aus ihren Lippen saugen.
Ich lernte, wie sich Fleisch und Fleisch zusammenschickte,
    Ich sank aus matter Pein in den gewölbten Schoß,
    Bis meine beste Kraft wie warme Butter floß
Und wie die Seele gar aus meinen Adern rückte.
Gleich aber, als wir noch der süßen Lust genossen,
    Kam und zerriß ihr Mann die zuckersüße Ruh'
    Und schaute mit bestürzt- und blassen Augen zu,
Wie unser Leib und Geist in einen Klumpen flossen.
Der Eifer ließ ihn nicht viel Donnerworte machen,
    Dies war sein erster Gruß: »Ha, Hure, liegst du hier!
    Wacht denn ein jeder Hund vor deiner Kammertür,
Und stößt sich jeder Fels an deinen Liebesnachen?«
Mit diesem fing er mir vom Schelmen an zu singen,
    Da fühlt' ich, wie der Zorn mir Gall' auf Galle goß:
    Die Glieder brannten an, die Klingen gingen los,
Und jeder suchte nun den Degen anzubringen.
Inzwischen weiß ich nicht, ob es sich schicken sollen,
    Daß ich durch einen Sprung zur Erden niedersank.
    Da merkt ich, daß der Stahl durch meine Rippen drang
Und mir das warme Blut kam aus der Brust gequollen.
Wie, wenn ein Tigertier das Leben sieht entweichen,
    Nach blutbespritzter Haut sich doppelt stärker macht:
    So ward mein Eifer auch in volle Glut gebracht
Und dachte mit Gewalt den Mörder abzureichen.
Ich schwang mit bloßer Faust mein Eisen hin und wieder;
    Ach, aber nur umsonst! Die Adern wurden schwach,
    Die Seele selber floß durch meinen Purpurbach;
Ich aber fiel erstarrt auf meinen Rücken nieder.
Da sucht ich Ärmster nun vergebens zu genesen,
    Nachdem die Wunde mir das halbe Leben nahm.

Doch als ich wieder heim und zu mir selber kam,
Ist, Charatine, dies mein erstes Wort gewesen:
»Ach, Abimenin! ach! was hast du doch verbrochen?
　　Wo bleibt die grüne Treu', wo der verliebte Schwur,
　　Der neulich, Falscher, dir aus deinem Munde fuhr,
Als Charatine dir das Herze zugesprochen?
Geh hin und rühme dich der süßen Liebeswunden,
　　Geh, sage, wie ihr Tau die Lippen dir gekühlt,
　　Dies hast du nur geschmeckt und jenes nur gefühlt;
Denn beides ist bereits auf einen Tag verschwunden.
Verräter, traust du dich wohl selber anzuschauen?
　　Muß so dein Liebesglas in hundert Stücke gehn?
　　Wer wird hinfüro mehr auf deine Freundschaft sehn
Und auf das Porzellan der glatten Worte bauen?
Doch, Abimenin, halt! halt deinen Geist zurücke!
　　Bezähme Qual und Pein mit Zügeln der Geduld.
　　Oft ist ein kleiner Fall und henkerswerte Schuld
Zu der erwünschten Gunst die beste Gnadenbrücke.
Geh, wirf dein Angesicht zu ihren zarten Füßen
　　Und mache deinen Fleck mit tausend Tränen rein,
　　Laß ein beklemmtes Ach statt hundert Worte sein
Und nichts als Trauersalz aus beiden Augen schießen.
Das Feu'r wird endlich doch die reine Brust bewegen,
　　Die Brust, in welches sich mein falsches Herze schloß,
　　Die Brust, aus der die Lust der keuschen Liebe floß
Und die mir Kett' und Band hat wissen anzulegen.
Was aber hast du vor? Was hoffst du?« sprach ich wieder,
　　»Auf zweifelvolle Gunst? Nein, Abimenin, nein.
　　Die Sonne tilget nicht die Flecken deiner Pein
Und stürzt dich nur in Grund des größten Kummers nieder.
Du wirst vergeblich nur die Tränen hier vergießen,
　　Dein abgeschicktes Fleh'n ist keiner Ohren wert.
　　Wer selbst den Himmel ihm in Höllen hat verkehrt,

Muß auch mit etwas mehr als schlechtem Wasser büßen.«
Hier riß die Traurigkeit aus den gesetzten Dämmen,
    Ich stieß mit Ungestüm den Degen in die Brust
    Und sprach: »Wo gleich jetzund die Schmerzen meiner Lust
Dich, Charatine, nicht mit Wehmut überschwemmen,
So sollst du doch die Treu aus meinem Blute lesen.«
    Mein Engel, zittre nicht. Jetzt folgt das Ende drauf:
    Denn hier erwachten mir die müden Augen auf,
Da war das ganze Spiel ein bloßer Traum gewesen.

CHRISTIAN HOFFMANN
VON HOFFMANNSWALDAU

Wo sind die Stunden
    Der süßen Zeit,
Da ich zuerst empfunden,
    Wie deine Lieblichkeit
Mich dir verbunden?
Sie sind verrauscht, es bleibet doch dabei,
Daß alle Lust vergänglich sei.

Das reine Scherzen,
    So mich ergetzt
Und in dem tiefen Herzen
    Sein Merkmal eingesetzt,
Läßt mich in Schmerzen,
Du hast mir mehr als deutlich kundgetan,
Daß Freundlichkeit nicht ankern kann.

Das Angedenken
    Der Zuckerlust
Will mich in Angst versenken.

Es will verdammte Kost
Uns zeitlich kränken,
Was man geschmeckt und nicht mehr schmecken soll,
Ist freudenleer und jammervoll.

Empfangne Küsse,
Ambrierter Saft
Verbleibt nicht lange süße
Und kommt von aller Kraft;
Verrauschte Flüsse
Erquicken nicht. Was unsern Geist erfreut,
Entspringt aus Gegenwärtigkeit.

Ich schwamm in Freude,
Der Liebe Hand
Spann mir ein Kleid von Seide,
Das Blatt hat sich gewandt,
Ich geh' im Leide,
Ich wein' jetzund, daß Lieb' und Sonnenschein
Stets voller Angst und Wolken sein.

ANONYM

Warum betrübst du mich, der dich so herzlich liebet
Und so viel Seufzer dir zum treuen Opfer gibet?
Ich dacht', es zeigte Licht in deinen Augen sich,
Jetzt find' ich Flecken drein, warum betrübst du mich?

Die vormals treue Hand, die ich so oft gedrücket,
Befind' ich nicht mehr treu, sie hat mich nur berücket;
Auch fremden Fingern ist ihr Kitzel schon bekannt,
Sie drückt mich nicht allein, die vormals treue Hand.

Die schöne Lilienbrust voll lieblicher Narzissen,
Mit Rosen aufgespitzt, die ich nur pflag zu küssen,
Hegt fremden Lippen nun auch Blumen süßer Lust,
Warum ist sie so falsch, die schöne Lilienbrust?

Die Quelle meiner Lust, ob sie noch rein verschlossen
Und nicht auch fremde Saat mit ihrem Tau begossen?
O nein! Verstreust du schon die Lilien deiner Brust,
Bleibt auch die Schoß nicht rein, die Quelle meiner Lust.

Der Mund ist etwas treu; doch will's nur also scheinen,
Indem er kräftig denkt, die Fehler zu verneinen;
Doch nein, ich glaub' es nicht, bring mir nicht Unschuld bei,
Aug', Hand, Brust, Schoß sind falsch, der Mund ist etwas treu.

Mein Herz bezwinge dich, dasselbe zu verlassen,
Was du so herzlich liebst, die Untreu' muß ich hassen.
Krönt' dich, Melinde, nur dergleichen Treu' wie mich,
Ich ließ dich nimmermehr; mein Herz bezwinge dich.

CHRISTIAN GRYPHIUS

Falsche Doris, deine Tränen,
    Dein verstelltes Angesicht,
Deiner Seufzer ängstig's Sehnen
    Hemmet meinen Vorsatz nicht,
Ich will deinen Strick zerreißen
Und nicht mehr der Deine heißen.

Reiche, falsche Lustsirene,
    Einem andern deinen Mund,

Dein bezaubernd Mundgetöne
　　Führt auf ungebahnten Grund.
Mein Schiff soll auf deinen Höhen
Nun nicht mehr zu scheitern gehen.

Weg, du Brandmal meines Lebens,
　　Falsche Doris, weg mit dir,
Weine nicht, es ist vergebens,
　　Bringe ja kein Klagen für:
Ich bin (war ich gleich gefangen)
Dennoch deiner Macht entgangen.

Sollt' ich dich wohl können lieben,
　　Deren grüner Jungfernkranz
Längst, ich weiß nicht wo, geblieben?
　　Welche mit entlehntem Glanz
Als ein Irrlicht meiner Seelen
Führt zu lauter Lasterhöhlen?

Weg, ihr meine Knechtschaftspfänder,
　　Die ich nächst von dir empfing,
Briefe, Kränze, Haar und Bänder,
　　Weg, verfluchter Zauberring,
Ihr habt allem Sklavenleben
Nunmehr gute Nacht gegeben.

Brennet wohl, ihr Liebesschreiben,
　　Brennt zum Zeichen meiner Treu,
Ich bin (Doris mag es gläuben)
　　Nunmehr alles Kummers frei,
Brennet, Briefe, Band und Haare,
Brenn', verfluchte Buhlerware.

Eure Asche soll besagen,
  Daß die Glut der besten Treu,
Die ich bis hieher getragen,
  Asch' in meinem Herzen sei,
Wo kein Fünklein ist zu finden,
Das mich wieder möcht' entzünden.

Jetzund trag' ich unverhohlen,
  Doris, ich gesteh' es dir,
Nichts denn lauter tote Kohlen
  Und verlöschte Bränd' in mir,
Weil die Falschheit, die mich schrecket,
Gleich die erste Flamm' erstecket.

Falsche Doris, vor mein Himmel,
  Jetzund nichts denn Höll' und Nacht,
Ich bin über dem Getümmel
  Deiner Untreu' aufgewacht;
Drum gedenke nicht mit Lügen
Mich aufs neu' in Schlaf zu wiegen.

Sündenschwester, Zauberdirne,
  Falsche Doris, nun adieu,
Mich bringt deine glatte Stirne
  Nun nicht mehr in Angst und Weh.
Welcher dir hinfort begegnet,
Sei verflucht, ich bin gesegnet.

CHRISTIAN HÖLMANN

Verachtung der Wollust

Meine Liebe geht zu Ende,
  Und die Wollust bindet mir,
Jetzt nicht mehr, wie vor, die Hände,
  Mich verlangt auch nicht nach ihr,
Hab' ich doch schon ihrem Leben
Längstens wollen Abschied geben.

Sie verführet die Gemüter,
  Wie ein Irrlicht durch den Schein;
Der's nicht weiß, daß ihre Güter
  Falschgemünzte Sorten sein,
Küßt wohl gar noch ihre Stricke
Als ein sonderbar Gelücke.

Besser bring' ich bei den Büchern
  Meine Lebensstunden zu,
Denn da kann ich mich versichern,
  Daß ich nichts Verbotnes tu;
Es gehört ohndem das Buhlen
Nicht gar wohl auf hohe Schulen.

Drum so springt ihr festen Schlösser
  An der Wollustkett' entzwei,
Jetzund seh' ich, daß nichts besser
  Als die süße Freiheit sei,
Drum so reißt, ihr Wollustbande!
Meiner Seele größte Schande.

CHRISTIAN HOFFMANN
VON HOFFMANNSWALDAU

Abbildung der Liebe

Der Liebe Rosenblatt hat Dörner zu Gefährten,
Aus welchen nach der Lust der Unlust Früchte blüh'n;
Sie hebt ihr Haupt empor, als wie auf Zaubergärten,
Und kann durch einen Blick uns ins Gehege zieh'n.
Dann stößt der Freiheit Schiff an ungeheu're Klippen,
Es bleibt, eh' wir's vermeint, auf einer Sandbank steh'n,
Und lacht kein Trost uns an von rosenlichten Lippen,
So heißt's: O Himmel hilf! wir müssen hier vergeh'n.
Da stimmt das Herze an: verlasse mich, o Liebe!
Dann heißt's: Entfernet euch, die ihr ans Lieben denkt,
Durch Lieben wird uns nur der Wohlfahrtshimmel trübe,
Nichts ist, was uns're Brust mehr als die Liebe kränkt.
Doch sind die Dornen weg, so greift man nach den Rosen,
Es gibt die bess're Zeit uns and're Sinnen ein,
Dann können wir vergnügt in den Gedanken losen,
Auf welcher Seite wir am liebsten wollen sein.
Und so verlieren wir die kurzen Lebenszeiten,
Das Schiff des Lebens läuft dem Hafen näher zu,
Bis uns der Winter pflegt in so ein Land zu leiten,
Wo man der Liebe Baum mit Erde decket zu.

CHRISTIAN HOFFMANN
VON HOFFMANNSWALDAU

Vergänglichkeit der Schönheit
Sonett

Es wird der bleiche Tod mit seiner kalten Hand
Dir endlich mit der Zeit um deine Brüste streichen,
Der liebliche Korall der Lippen wird verbleichen;
    Der Schultern warmer Schnee wird werden kalter Sand,
    Der Augen süßer Blitz, die Kräfte deiner Hand,
Für welchen solches fällt, die werden zeitlich weichen,
Das Haar, das jetzund kann des Goldes Glanz erreichen,
    Tilgt endlich Tag und Jahr als ein gemeines Band.
Der wohlgesetzte Fuß, die lieblichen Gebärden,
Die werden teils zu Staub, teils nichts und nichtig werden,
    Dann opfert keiner mehr der Gottheit deiner Pracht.
Dies und noch mehr als dies muß endlich untergehen,
Dein Herze kann allein zu aller Zeit bestehen,
    Dieweil es die Natur aus Diamant gemacht.

NACHWORT

Tafel, Gesellschaft und Cors und Spiel und Oper und Bälle
    Amorn rauben sie nur oft die gelegenste Zeit.
Ekel bleibt mir Gezier und Putz und hebet am Ende
    Sich ein brokatener Rock nicht wie ein wollener auf?
Oder will sie bequem den Freund im Busen verbergen,
    Wünscht er von alle dem Schmuck nicht schon behend sie
               befreit?
Müssen nicht jene Juwelen und Spitzen, Polster und
               Fischbein
    Alle zusammen herab, eh er die Liebliche fühlt?
Näher haben wir das! Schon fällt dein wollenes Kleidchen,
    So wie der Freund es gelöst faltig zum Boden hinab.
Eilig trägt er das Kind, in leichter linnener Hülle
    Wie es der Amme geziemt, scherzend aufs Lager hinan.
Ohne das seidne Gehäng und ohne gestickte Matratzen
    Stehet es, zweien bequem, frei in dem weiten Gemach.
Nehme dann Jupiter mehr von seiner Juno, es lasse
    Wohler sich, wenn er es kann irgendein Sterblicher sein.
Uns ergötzen die Freuden des echten nacketen Amors
    Und des geschaukelten Betts lieblicher knarrender Ton.[1]

Als Johann Wolfgang von Goethe diese Verse um 1790 als ur-
sprünglich zweite Elegie seiner *Erotica Romana* (*Römische Elegien*)
verfaßte, wagte er es nicht, vor allem auch wegen des Ein-
spruchs der Freunde, sie zu veröffentlichen. Zu sehr hatte im
Laufe des 18. Jahrhunderts die Verbürgerlichung der Kunst und
Literatur mit ihren moralisierenden Tendenzen, die unter dem
Einfluß pietistischer Frömmigkeit standen und eine starke Kul-
tivierung des Tugendbegriffs und die Tabuisierung und Verfe-
mung des Sexuellen mit sich brachten, schon gewirkt und den

allgemeinen Geschmack beeinflußt. In der Zeit, in der die Gedichte unseres Sammelbandes publiziert wurden, war dies noch anders. Zwar hatte die Verurteilung der Sexualität als Sünde durch die Kirche schon vor dem 17. Jahrhundert und im Barockzeitalter eine lange Tradition. Aber um 1700, in der sogenannten »galanten Zeit«, war das Sexuelle noch sagbar, war das Begehren ohne weiteres artikulierbar, konnte es poetisch eingekleidet und ästhetisch überhöht zum literarischen Thema werden. Die hier versammelten Gedichte sind Teil eines Liebes- und Sexualitätsdiskurses, der vor allem in der zweiten Hälfte des 17. Jahrhunderts auf verschiedenen Ebenen mit unterschiedlichen Zielsetzungen geführt wurde. Im Rahmen dieses Liebesdiskurses war es um 1700 leichter, erotische Texte zu publizieren, als etwa zur Goethezeit.

Dieser Liebesdiskurs erfolgte vornehmlich auf drei Ebenen. Zunächst einmal war da – mit langer Tradition – die religiös-theologische Ebene, die in erster Linie Liebe als Gottesliebe, als Liebe zu Gott definierte (Agape). Liebe zu Menschen hatte unter dem Aspekt der caritas zu stehen, der Mitleidsfähigkeit, die Liebe im heutigen Verständnis unter Einschluß von Leidenschaft ausschloß. Die meisten Theologen prangerten Sexualität als Sünde an (als Folge des alttestamentlichen Sündenfalls) und ließen den Sexualakt nur innerhalb der Ehe zur Erzeugung von Kindern zu.[2] Außerehelicher und vorehelicher Geschlechtsverkehr wurden als Todsünde eingestuft, auch der eheliche Koitus war eine, wenn er nicht der Fortpflanzung, sondern nur dem Lustgewinn diente. Leidenschaft, auch die in der Ehe, wurde verurteilt, galt überhaupt als ungünstigste Basis für eine Ehe. Zu große Leidenschaft der Ehepartner beim Sex wurde als Ehebruch gewertet, weil der Beischlaf nur dem Vergnügen diene. Der Mystiker Jakob Böhme konnte im Geschlechtsakt nur ein »viehisches Werck« sehen und vertrat die Ansicht, sexuelles Begehren bleibe vor Gott immer »ein Ekel«.[3]

Andere Mystiker lehnten die Ehe grundsätzlich ab, es gelte um jeden Preis die Frau zu meiden, weil alles Sündige seinen Höhepunkt im Sexualakt erreiche.[4] Dagegen sprach sich Martin Luther gegen die Ehelosigkeit aus, weil er die Wurzel der Prostitution im Zölibat sah und die Ehe als Heilmittel und Arznei bewertete. Doch sah er, deutlich geprägt von Anschauungen der alten Kirche, im Koitus selbst eher einen Anfall von Epilepsie und sprach von der Häßlichkeit weiblicher Schamteile.[5] Für Calvin dagegen war die Ehe göttliches Schöpfungswerk. Deshalb könne Sexualität niemals etwas Schändliches sein.[6] Der Begründer des lutherischen Pietismus, Philipp Jacob Spener, hatte ähnliche Vorstellungen. Zwar ging auch er davon aus, daß durch den Sündenfall das Böse als unreine Lust in die Geschlechterbeziehung Eingang gefunden habe, doch könne in der Ehe die Lust in maßvoller Weise gestattet werden. Das Kind war für Spener zwar die vornehmste, aber nicht die einzige Aufgabe der Ehe; Sexualverkehr galt ihm als Ehepflicht. Dagegen waren unzüchtige Gedanken, das Singen von Liebesliedern, das Betrachten nackter Menschendarstellungen verboten.[7]

Die Kirche scheute auch nicht davor zurück, die Koitusposition vorzuschreiben. Jede Abweichung von der Norm (die Norm wurde später von christianisierten »Naturvölkern« ironisch »Missionarsstellung« genannt) galt als suspekt, da sie den Verdacht erweckte, dem Vergnügen zu Lasten der Fortpflanzung den Vorzug zu geben. Die Kirche verbot an zahlreichen Tagen jeden Sexualverkehr. Sie forderte Enthaltsamkeit an allen Sonntagen, an allen kirchlichen Feiertagen sowie während der Menstruation (das waren insgesamt etwa 120 bis 140 Tage im Jahr). Medizinische Publikationen unterstützten die theologischen Vorschriften. Manche Ärzte forderten Enthaltsamkeit sogar während der gesamten Stillzeit, um die Gesundheit des Nachwuchses nicht zu gefährden.[8] Zu einer der größten

Zwangsvorstellungen Geistlicher und Mediziner des 17. und 18. Jahrhunderts entwickelte sich die biblische Überlieferung von Onans Sünde und der darauf folgenden göttlichen Strafe. Masturbation und Koitus interruptus wurden (zusammen mit Homosexualität und Sodomie) zu den größten sexuellen Sünden erklärt, da sie das Fortpflanzungsgebot mißachteten und nur auf Lustgewinn zielten.[9] Auch die Frage des weiblichen Orgasmus ist in unserem Zusammenhang von Interesse, da er in einigen unserer Texte eine Rolle spielt. Für die Antike, das Mittelalter und die Frühe Neuzeit war er selbstverständlich existent, ja nach damaliger medizinischer Auffassung notwendig zur Empfängnis[10] (deshalb duldete die Kirche auch die weibliche Masturbation, wenn sie im Zusammenhang mit dem Koitus der Empfängnisförderung diente). Erst einer späteren Zeit blieb es vorbehalten, die These von der mangelhaften Sexualempfindung der Frau zu formulieren, die Orgasmusfähigkeit der Frau überhaupt in Frage zu stellen und daraus die These von der weiblichen Leidenschaftslosigkeit abzuleiten.[11]

Gegen Ende des 17. und zu Beginn des 18. Jahrhunderts trat ein allmählicher Wandel ein: Zunehmend wurde der eheliche Koitus »als legitimes Mittel zur Befriedigung des natürlichen Geschlechtstriebes anerkannt, nicht mehr nur als bloßes Mittel der Fortpflanzung oder als die Begierde kanalisierende Ersatzhandlung«.[12] Letztendlich zeigt die steigende Zahl unehelicher Geburten von der zweiten Hälfte des 18. Jahrhunderts an, daß ein Wandel in den Geschlechterbeziehungen eingetreten war, daß die kirchlichen und obrigkeitsstaatlichen Restriktionen nicht mehr im gleichen Maße wie zuvor wirkten. Daß Sexualität jetzt aber stärker als um 1700 tabuisiert wurde, kann als Zeichen für einen höheren Grad an Heuchelei gedeutet werden.

Die zweite Ebene des Liebesdiskurses bildet der philosophische Diskurs. Einer der ersten, die sich um ein neues Verständnis menschlicher Sexualität im Zusammenhang mit Liebe und Ehe bemühten, war der als Vater der deutschen Aufklärung bezeichnete Leipziger, später Hallenser Philosophieprofessor Christian Thomasius. Schon in seinem 1689 entstandenen Traktat *Ob wahrhafte Liebe zwischen Eheleuten sich nothwendig in anderer Gesellschaft kund geben müsse* vertrat er die Auffassung, daß die Sexualität Ausdruck der Liebe zwischen den Geschlechtern sei, daß wahrhafte Liebe eine »brünstige Wechselliebe« sei, aus »kluger Bedacht« entsprungen und »mit geziemender Brünstigkeit« fortgesetzt.[13] Sexualität in der Ehe ist also nichts Ungeziemendes, wie viele Theologen gegenüber ihren Gläubigen zu behaupten nicht müde wurden. Für Thomasius ist Liebe nicht nur als Caritas, sondern auch als Eros eine wahre Tugend. Die Liebe zwischen zwei Menschen werde erhöht und vergrößert, wenn es sich um Menschen verschiedenen Geschlechts handele. Der Meinung vieler Theologen und Philosophen, daß der Geschlechtsakt ein tierisches Relikt im Menschen sei, setzt er seine Auffassung entgegen, daß es gerade die menschliche Liebe sei, die den Menschen am meisten vom Tier unterscheide, denn man könne sie gesunden Lehrsätzen und vernünftigen Grundregeln unterwerfen.[14] Ausführlicher handelt Thomasius über diese Fragen in seinem Buch *Von der Kunst Vernünfftig und Tugendhafft zu lieben*[15], in dem er eine neue Liebesethik entwickelt, die den Sexualakt als unabdingbares Zeichen der Liebe, einer vernünftigen Liebe, in die Liebesbeziehung mit einschließt. Er verknüpft in seinen Darlegungen Liebesethik und Freundschaftslehre mit erotischer Liebeskunst und schafft damit eine Theorie der vernünftigen Liebe. Diese Theorie erhebt »nicht nur die erotische Liebe zur Tugend, sondern orientiert sogar die Liebestugend an der erotischen Liebe«.[16] Damit ist für Thomasius die erotische Liebe die an Intensität größte Liebe, in der Vertrauen, Ehrfurcht und Zärtlichkeit viel stärker vorhanden seien als in der freundschaftlichen Liebe zwischen gleichgeschlechtlichen Personen. Nach ausführlichen und nicht ganz widerspruchsfreien Überlegungen kommt er zu dem Schluß, daß die Liebe zwischen Personen unterschiedlichen Geschlechts ohne die »Vereinigung der Leiber« nicht vollkommen genannt werden könne.[17] Allerdings, und darin kann man ein Zugeständnis an die Morallehren der Zeit sehen, unterscheidet er sehr genau zwischen einer »unvernünftigen« und einer »vernünftigen« Liebe. Nur der »Wollust des Leibes« nachzugeben, vordringlich und ausschließlich nur die »Vermischung des Leibes« im Sinne zu haben ist für ihn eindeutig das Zeichen einer »unvernünftigen« Liebe.[18]

»Denn bey einer *unvernünfftigen* Liebe liebet man sich, weil man die Leiber mit einander vermischet. Bey einer *vernünfftigen* Liebe aber kan man wohl zuweilen die Vermischung des Leibes verlangen, weil man einander liebet.

Dieses letzte must du auff diese Weise verstehen. Wo zwey Seelen mit einander vereiniget seyn, muß aus zweyen Willen ein einiger werden, und eine jedwede liebende Person *mehr in der andern* als in sich selbst leben. Dieses kan aber nicht geschehen, wenn sie nicht beyde Wechselweise einander *alles erdenckliche Vergnügen*, das der Vernunfft nicht zuwieder ist, zu wegen zu bringen trachten, und einander alle *Geheimnisse auch ihrer Schwachheiten* (man muß aber die Schwachheiten nicht mit unvernünfftigen Dingen vermischen) Wechsel-Weise entdecken. Denn *wahre liebe leidet kein Geheimniß*, und wir werden zu seiner Zeit sagen, daß obwohl die Unverschamheit mit vernünfftiger Liebe nicht bestehen könne, dennoch auch *allzugrosse Schamhafftigkeit* auch eine Anzeigung geringer Liebe sey.«[19]

Auf indirekte Weise und durch eine feinsinnige Argumentation wird so für Thomasius der Sexualakt nicht nur zu einer Selbstverständlichkeit, sondern zum Gipfelpunkt einer (vernünftigen) Liebesbeziehung. Diese frühaufklärerische Position weist in manchen Aspekten voraus auf die Liebesauffassung der Romantik, wie sie von Friedrich Schlegel in seinem Roman *Lucinde* (1799) formuliert worden ist.

In engem Zusammenhang mit dieser Neubewertung der Sexualität steht die Aufwertung der Frau. Sie wird bei Thomasius höher eingeschätzt, als es zu seiner Zeit üblich gewesen ist. Denn dies ist die Zeit schärfster Diskriminierung der Frau, die Zeit der Hexenverfolgungen, gegen die sich Thomasius vehement einsetzte. Es ist auch die Zeit, in der manche Theologen noch die Frage diskutierten, ob Frauen überhaupt Menschen seien. Mitstreiter fand Thomasius in den Autoren der sogenannten Frauenkataloge, die die Historie nach berühmten Frauen durchforschten, um Beispiele für ihre These zu finden, daß auch Frauen intelligente, bildbare Wesen seien. Zu Beginn des 18. Jahrhunderts erschienen die umfangreichen Sammelwerke von Christian Franz Paullini (*Das Hoch- und Wohlgelahrte Teutsche Frauen-Zimmer*, 1705), Johann Casper Eberti (*Eröffnetes Cabinet Deß gelehrten Frauen-Zimmers*, 1706) und Georg Christian Lehms (*Teutschlands Galante Poetinnen Mit Ihren sinnreichen und netten Proben*, 1715).[20] Die Aufwertung der Sexualität, die Entdämonisierung der Frau durch Entlarvung des Hexenglaubens, die lexikalische Erfassung berühmter Frauen und die aufkommenden Frauenbildungsbemühungen bedingen einander. Verteufelung der Sexualität und Geringschätzung und Dämonisierung der Frau stehen in einem Wechselverhältnis und hängen im christlichen Abendland eng zusammen.

Die dritte Ebene des Liebesdiskurses schließlich bildet die literarische Behandlung der Liebe. Hier erscheinen im Laufe des 17. Jahrhunderts eine Reihe von Liebesromanen und Liebesgedichten, so daß die erotische Liebe ein Hauptthema und ein Hauptproblem der Literatur des Barockzeitalters darstellt.

Anregungen zu einer deutschen galanten Dichtung im 17. Jahrhundert kamen aus Frankreich, Italien und der Antike. Die antike Dichtung mit ihren griechischen und römischen Klassikern erotischer Literatur, unter ihnen vor allem Ovid, Properz und Tibull, gab das »Schema« vor, nach dem die einzelnen Stufen der Liebeshandlung dargestellt wurden, und lieferte die theoretische Formulierung: »quinque enim lineae sunt amoris, scilicet visus, allocutio, tactus, osculum sive suavium, coitus.«[21] Hier werden die fünf Stufen der Begegnung der Geschlechter ausformuliert: vom Anblick (›visus‹) über die Anrede (›allocutio‹), die Berührung (›tactus‹) und den Kuß (›osculum‹ oder ›suavium‹) bis hin zur geschlechtlichen Vereinigung (›coitus‹). Je nach darzustellender Situation konnte der Dichter nur die erste oder die ersten dieser fünf Stufen ausarbeiten – oder alle Stufen bis zur fünften gestalten. Die Geschichte der erotischen Dichtung zeigt, daß dabei auf die erwartete Dezenz und die Erfordernisse einer kirchlichen oder staatlichen Zensur Rücksicht genommen werden mußte. Allerdings genügte in Zeiten starker Tabuisierung häufig schon die Thematisierung der ersten, um die Phantasie des Rezipienten so zu beflügeln, daß sie sich alle weiteren Stufen ausmalte. Zu anderen Zeiten konnte der Erotiker das gesamte Schema der Quinque lineae durchspielen oder erst mit den letzten Stufen beginnen und dabei die fünfte, die quinta linea, mehr oder weniger andeuten oder breit ausmalen, wie es einige der Autoren unserer Sammlung tun.

Italien wirkte durch den Petrarkismus und G. B. Guarinis Schäferdrama *Il pastor fido* (u. a. übersetzt von Hoffmannswaldau). Der Petrarkismus war eine Strömung innerhalb der europäischen Literatur, die direkt oder indirekt auf den italienischen Dichter Petrarca zurückging und die Klage über eine unerfüllte oder unerfüllbare Liebe gestaltete. In petrarkistischen Texten haben Sehnsucht, Liebesschmerz und Versagung ein größeres Gewicht als Erfüllung; vorherrschend sind Resignation und Melancholie. Der Petrarkismus wirkte in Deutschland vor allem in der ersten Hälfte des Jahrhunderts. In der zweiten Jahrhunderthälfte beeinflußte eine von Frankreich ausgehende Strömung der erotischen Liebeskunst den Liebesdiskurs in Deutschland. Dabei ist eine gewisse Rationalisierung zu beobachten, die sich darin zeigt, daß Geschlechterliebe zunehmend als »vernünftige Liebe« bezeichnet wird (wie es auch Thomasius tun wird), in der die Sexualität unbestritten ihren Platz beanspruchen darf. Diese Liebesdichtung findet ihren Ausdruck im galanten Roman und in der galanten Lyrik. Das Wort »galant« kommt aus dem Französischen und hat dort im 17./18. Jahrhundert verschiedene Bedeutungen, die auch bei seinem Gebrauch in Deutschland, wo es rasch zum Modewort avancierte, mitschwingen.[22] Galante Dichtung ist Liebesdichtung, ist Literatur mit erotischer Thematik, meist in einer geistreich-pointierten Darstellungsweise abgefaßt. Sie hat ihren Höhepunkt im Zeitraum von 1680 bis 1720 und ist in Deutschland in Anlehnung an die französische Salonkultur der Preziösen entstanden, wo sie das Bildungs- und Lebensideal der Aristokratie gestaltete. In Deutschland gilt allerdings ein anderer sozialer Rahmen: Die Autoren dieser galanten Dichtung sind durchweg Bürgerliche. Doch hatten viele von ihnen – wie Norbert Elias zu Recht betont – ihre Anschauungen und zum Teil auch ihre Lebensweise dem Adel angepaßt, weil sie größtenteils im Staatsdienst, das heißt in der damaligen Zeit im Dienst von Fürsten, standen; sie gehörten zum höfischen Bürgertum.[23] Andere hatten Berufe fern von den Höfen und damit auch andere Bedingungen für die Produktion ihrer galanten Dichtungen. Doch muß festgehalten werden, daß die Lebensweise des Adels, seine eigenen moralischen Anschauungen, die sich nicht in gleich striktem Maße einer kirchlichen Disziplinierung unterwarfen wie die der niederen Volksschichten, in dieser aristokratisch-höfisch bestimmten Welt des Absolutismus die Produktion der Texte auch »adelsferner« Autoren beeinflußt haben. Es ist gerade die »Atmosphäre der höfischen Geselligkeit« gewesen, die den »Mutterboden« der Barockdichtung, insbesondere der galanten Dichtung, bildete.[24] Zu dieser höfischen Geselligkeit, die sich als Geselligkeit von Männern *und* Frauen zeigte, gehörte neben dem angenehmen und geistreichen Plaudern, der ironischen Anspielung und der bissigen Satire auch das Vortragen von Gedichten, insbesondere von Liebes- oder erotischen Gedichten, letzteres auch als Folge der »ernsten oder spielerischen Spannungen zwischen den Geschlechtern, die sich aus ihrem Zusammensein ergaben«.[25] So stellen auch die meisten unserer Gedichte kein einsames Monologisieren dar (wie später eine unter dem Eindruck des Subjektivismus stehende Literaturwissenschaft mit verengender Perspektive Lyrik definierte).[26] Sie sind an ein Du gerichtet, sind dialogisch geprägt, auch wenn das angeredete Du nur selten zu Worte kommt. Der gesellschaftliche Charakter dieser Gedichte verlangt, daß sie bei bestimmten Gelegenheiten[27] vorgelesen werden (dazu waren sie auch gedacht), in gekonnter Rezitation, die mit den Worten spielt, die Pointen richtig setzt und die Ironie, die in vielen dieser Verse mitschwingt, erkennbar werden läßt.

Zum Liebesdiskurs des 17. Jahrhunderts gehört auch eine starke Strömung mystisch-religiöser Lyrik. Je eifriger die Verfechter mystischer Anschauungen die Sexualität verurteilten, es als Mißbrauch der Ehe ansahen, wenn der »Fleischeslust« wegen geheiratet wurde, die »Keuschheit der wahren Ehe«, die auf Sexualität verzichtete, priesen und alle Sinnlichkeit als Sünde anprangerten, desto mehr nahm die Verwendung erotischer Motive, Metaphern und Vergleiche in der religiösen Lyrik zu. Sie wurden vorwiegend dem Hohen Lied des Alten Testamentes und der Schäferdichtung entnommen und auf christlich-mystische Glaubensinhalte umgedeutet. Texte von

Gottfried Arnold, Graf Spee, Angelus Silesius und Graf Zinzendorf geben vielfältige Beispiele. In ihnen erscheint die Seele als Braut Christi, die sich nach ihrem himmlischen Seelenbräutigam Jesus verzehrt. Die Vereinigung mit ihm als Unio mystica ist das hohe Ziel des Begehrens. Die erotische Ausmalung der Vereinigung der Seele (oder auch Sophias, der Weisheit) mit dem Bräutigam ist häufig genug überdeutlich beschrieben. Viele der geistlichen Lieder dieser Zeit strahlen eine Erotik aus, die sich aus heutiger Perspektive für geistliche Texte dieser Art verbieten würde. Man lese als Beispiele die Gedichte *Sie betrachtet das zerschlagene Angesicht Jesu Christi, Die Psyche dürstet nach dem Wasser des Herzens Jesu, Sie liebet ihn als ihre Blume, Sie begehret in die Brust Christi* oder *Sie entbietet sich ihrem sie suchendem* (!) Bräutigam aus der *Heiligen Seelenlust* des Angelus Silesius[28], um die Tendenz und die Nähe zur weltlich-erotischen Dichtung zu erkennen. Es bedarf nur eines Figurenwechsels – die sehnende Braut wird zum begehrenden Mann, der himmlische Bräutigam zur sehnsüchtig Geliebten –, und schon sind reichliche Parallelen zur galanten Dichtung gegeben. Auch wenn man bedenkt, daß die Autoren dieser mystisch-religiösen Texte an Agape (Gottesliebe) dachten und nicht an Eros, bleibt durch Wortwahl und Metaphorik die Nähe deutlich. Diese Art religiöser Dichtung entstand zeitlich vor oder parallel zur galanten Lyrik. Eine wechselseitige Befruchtung ist durchaus denkbar.

Die galante Dichtung der Zeit um 1700 besteht vornehmlich aus Romanen und Lyrik. Der galante Roman[29] diente in erster Linie als Unterhaltungsliteratur. Er thematisiert die »wunderlichen Regungen des menschlichen Hertzens«, erzählt anmutige Liebesverwirrungen, heiter-frivole Erlebnisse, das flüchtige Glück einer Liebesstunde. Das große Welttheater des Barock erscheint eingeengt und entlarvt als geheimes Liebeskabinett, die Welt ist reduziert zum Schauplatz der Liebe. Das Verhältnis von Mann und Frau, die zwischenmenschlichen Beziehungen sind wichtiger als die große politische Welt. Das gleiche gilt für die galanten Gedichte. Sie zeigen, daß der Eindruck, die Lyrik des 17. Jahrhunderts erschöpfe sich in religiösen Themen und in einem Klagen über die Vergänglichkeit und Sinnlosigkeit des menschlichen Lebens, wie ihn Schullesebücher und manche Anthologien erwecken, täuscht. Man lese nur die vielen heiter-beschwingten, sinnenfrohen Verse dieser Sammlung. Selbst da, wo das Ende einer Liebesbeziehung thematisiert wird, herrschen – sieht man von den abschließenden Texten Hoffmannswaldaus und seiner Klage, an die Sinnlichkeit ausgeliefert zu sein, einmal ab – Lebhaftigkeit und ein frischer Klang (z. B. in den zornigen Versen des enttäuschten Liebhabers in Christian Gryphius' Gedicht *Falsche Doris*).

Die galanten Gedichte, die in unserem Band abgedruckt sind, wurden hauptsächlich der größten Sammlung von Barockdichtung entnommen, die damals mit großem Erfolg erschienen ist, der von Benjamin Neukirch und später von anderen edierten Anthologie *Herrn von Hoffmannswaldau und anderer Deutschen auserlesener und bißher ungedruckter Gedichte erster [bis siebender] theil* (1695-1727).[30] Die galante Zeit war – wie betont – eine vornehmlich höfisch geprägte Zeit. In ihr war es im Gegensatz zur Goethezeit noch möglich, literarische Texte mit erotischen Themen zu publizieren, ohne daß ihre Autoren deshalb inkriminiert wurden. Zwar meldeten sich auch damals kritische Stimmen, die einen Teil der Gedichte beanstandeten. Doch zeigt die Publikationsgeschichte dieser ›galanten‹ Texte, daß diese Kritik nicht die Eliminierung von Textstellen oder gar ein Druckverbot nach sich zog.[31] Die zeitgenössische Kritik richtete sich auch weniger gegen die Artikulation des Begehrens und die offene Beschreibung intimer Körperregionen (sonst wären Gedichte wie die *Ruhestatt der Liebe* oder *An Charatinen* nicht in der zweiten »gereinigten« Ausgabe des ersten Bandes von 1695 stehengeblieben), als gegen die Erhöhung des

Gegenstandes der Gedichte, der Geliebten.[32] Denn die Metaphorik dieser Texte überhöht, sofern sie christlich-kirchlichen Bereichen entnommen ist, die erotische Beziehung, macht die Geliebte zur Göttin, die Liebe zum Gottesdienst, wirkt – wie in einigen der Gedichte Hoffmannswaldaus – blasphemisch. Das war es, was moralisierende Aufklärer und pietistische Frömmler an dieser Dichtung verurteilten.[33]

Die Metaphorik dieser Texte ist aber nicht nur dem kirchlich-religiösen Wortschatz entnommen; es finden sich gleichermaßen Bildspender aus der Natur allgemein, insbesondere den Bereichen der Blumen- und Planzenwelt und des Ackerbaus, aus dem Bereich der Schiffahrt, und dem reichen Schatz der Preziositäten.[34] Gerade sie spielen hier eine bedeutende Rolle und betonen den Unterschied zur petrarkistischen Lyrik. Dort handelt es sich bei den Pretiosen der Geliebten um Bänder, Ringe, Halsketten, Haarnadeln und ähnliche mehr oder weniger kostbare Dinge, die als Liebespfänder zwischen den Liebenden – durchaus zeitüblich[35] – ausgetauscht werden. Ihre Funktion besteht darin, die körperliche Ferne zwischen den Liebenden vergessen zu machen, wenigstens durch das »Ding« Nähe herzustellen, wenn es schon dem Körper nicht möglich ist. Die Pretiosen der Geliebten in unseren Texten sind nicht mehr, oder nur noch selten, solche Akzidenzien wie Schmuck oder ähnliches, sondern der Körper oder einzelne Körperteile der Geliebten selbst: ihre vielbesungenen Korallen(roten)lippen, ihr angebeteter Marmel(=Marmor)busen, ihr verehrter Alabasterleib, ihr rubinbesetztes »Liliental«. Sie werden beschrieben unter Verwendung unzähliger Metaphern und Vergleiche, die Kostbarkeit signalisieren und Köstliches verheißen, oder sie reden selbst, wie in Christian Hölmanns Gedicht *Abbildungen der Schoß*, der damit den Haupteinfall von Diderots Roman *Les bijoux indiscrets* vorwegnimmt. Diese Beschreibungen stehen zum großen Teil in der Tradition der antiken

Lobrede (auch wenn dies nicht im Titel angesprochen wird) und sind ein Teil der Werbung des Liebhabers um die Gewährung der höchsten Gunst. Die petrarkistische Lyrik brauchte Pretiosen, die die Distanz zwischen den Liebenden überwinden sollten, der Geliebte war (nur) in seiner Gabe nahe.[36] In den meisten erotischen Gedichten unserer Sammlung ist die Distanz aufgehoben, die Geliebte anwesend, die Argumentation des Liebeshabers zielt auf die Erreichung der Quinta linea des Liebesverhältnisses, auf die sexuelle Vereinigung; da bedarf es nicht mehr der Pretiosen als Liebespfänder (»Buhlerware« nennt sie Christian Gryphius). Die Liebenden selbst sind sich Pretiosen, sie geben sich ihre Liebe und ihre Körper; ihre Geschenke bestehen in der gegenseitigen Hingabe. Die Argumentation des Liebenden dient der Überzeugung der sich sträubenden Geliebten. Das Begehren allein reicht – von wenigen Gedichten einmal abgesehen – nicht aus, um zur Liebeserfüllung zu finden. Als Gründe für die Vereinigung werden die brennend heiße Liebe des männlichen Parts, die Vergänglichkeit der Schönheit und Jugendlichkeit und die Warnung vor dem Alter (das antike Carpe-diem-Motiv), die Natürlichkeit des Geschlechtstriebes genannt und der Hinweis gegeben, daß die Sexualorgane zum Gebrauch bestimmt seien und nicht »öde« und »unbebauet« bleiben dürften. Liebe und Leidenschaft werden in unseren Gedichten nicht mehr als »Seelengift« und »höllenheiße Glut« verdammt (wie noch in Andreas Gryphius' Drama *Cardenio und Celinde*).[37] In der Feier von Liebe und Leidenschaft betonen sie – ganz antipetrarkistisch – die Synthese von Begehren und Erfüllung. So herrscht in den meisten von ihnen, abgesehen von den abschließenden Texten, die das Ende einer Liebesbeziehung beklagen oder das typische Barockthema der Vergänglichkeit besingen, ein heiterer gesellschaftlicher Ton, eine frohe, mit strenger poetischer Form gepaarte Sinnlichkeit, die in einigen Texten nicht davor zurückscheut, mit den ernsten Themen der Barockzeit zu spielen: (Liebes-)Tod und Sterben meinen hier im Sinne des französischen ›le petit mort‹ die höchste Liebeserfüllung.[38] Die Sinnlichkeit dieser Gedichte ist allerdings weit entfernt von einem zügellosen Libertinismus. Dazu ist zu oft von Liebe und Treue, ja manchmal sogar von Ehe die Rede. Was Browning von Caspar von Stielers *Geharnischter Venus* sagt, gilt auch für die meisten unserer Texte: »Das Gesicht des Eros ist nicht entstellt von der Trauer und dem Überdruß des Wüstlings oder der Blässe des ins Transzendente zielenden Petrarkisten.«[39] Genauso weit sind sie entfernt von der Darstellung der Triebentfesselung und Gewaltanwendung eines Marquis de Sade. Inwieweit persönliches Erleben hinter den »lyrischen Situationen« steht, ob bei den Angebeteten an reale Frauen gedacht werden kann, bleibt offen. Gegen eine solche Annahme spricht der gesellschaftlich-gesellige Charakter dieser Gedichte, wenn auch gelegentlich persönliche Betroffenheit durchscheint.

In vielen unserer Gedichte läßt sich der Standpunkt herauslesen, daß das Metaphysische das Physische billige, und wenn dieses Metaphysische nicht das des Christentums ist, dann ist es eben das der antiken Götter Venus und Amor, die dem werbenden Liebhaber ihre Kraft leihen und den Widerstand der Geliebten brechen. Das wird besonders deutlich im *Lustgespräch zweier herzlich verliebter Personen ...*, als dessen Verfasser Benjamin Neukirch vermutet wird.[40] Dieses Dialog-Gedicht im Versmaß des Alexandriners verfolgt ein Liebesideal, das der romantischen Liebesauffassung späterer Zeiten durchaus verwandt ist. Gezeigt wird die innige, leidenschaftliche Liebe zwischen zwei individuellen Menschen (darüber darf die arkadische Verkleidung nicht hinwegtäuschen), die einander so lieben, daß eine Beziehung zu einem/einer anderen ausgeschlossen ist. Die gegenseitige Gefühlsbindung ist so groß, das ausschließlich auf ein Liebesobjekt ausgerichtete Begehren so stark, daß beide an eine eheliche Verbindung denken, wobei die Familie mit einbezogen werden soll. Hier liegt kein Tändeln, kein Spielen mit Gefühlen vor. Gerade wegen der Ernsthaftigkeit der Beziehung ist eine raumgreifende und qualifizierte Argumentation notwendig, um bei der jungen Frau die Bedenken gegen den vorehelichen Sexualakt auszuräumen. Die lange Kette von Argumenten und Gegenargumenten wirkt wie ein Vorspiel, das hier allerdings nur mit Worten ausgeführt wird – eine Rationalisierung, die aber bei beiden Liebenden eine emotionalisierende und erotisierende Wirkung nicht ausschließt – im Gegenteil. Das Wortgefecht bereitet beide auf den Koitus vor, führt zwingend zu ihm hin. Die Gegenargumente der jungen Frau enthalten christliche Motive, sie verweist auf Tugend und Enthaltsamkeit, bei ihr könne der Hinweis auf das ›carpe diem‹ nichts fruchten, da sie andere Werte verehre. Die Dialogpartien werden immer kürzer, immer knapper wird der gegenseitige Appell; Argument und Gegenargument werden in zweizeiligen Repliken vorgebracht, deren Reim der männliche Part vorgibt. Letztendlich ergibt sich die junge Frau, nachdem ihr der Liebhaber Haus und Hof, d. h. die Ehe, versprochen hat, den Gesetzen der erotischen Welt, die von Venus und Amor repräsentiert und regiert wird. Während der Dialog seinem Höhepunkt zustrebt, setzt eine ihn begleitende nonverbale Interaktion ein, an deren Kulminationspunkt der Dialog stichomythisch wird, die alexandrinische Verszeile wird auf die beiden Akteure verteilt: Steigerung und höchste Liebeserfüllung werden so sprachlich und graphisch vermittelt. Nach dem Höhepunkt kehrt der Dialog zu zweizeiligen Repliken zurück, deren Reim nun von der jungen Frau vorgegeben und vom Mann weitergeführt wird. Die Ausschließlichkeit und Ernsthaftigkeit der Liebesbeziehung wird in den letzten Versen noch einmal betont: Die beiden Liebenden versichern sich der Treue.

Man hat dieses Gedicht, zusammen mit anderen, die hier

versammelt sind, als frivol, gelegentlich auch als obszön bezeichnet. Der Vorwurf der Frivolität wirkte so stark nach, daß viele der hier edierten Gedichte im 18. und 19. Jahrhundert in Vergessenheit gerieten und kaum mehr gedruckt wurden. Ein übriges taten die Urteile der literarischen Intelligenz der zweiten Hälfte des 18. Jahrhunderts über die höfisch bestimmte Barockliteratur, die sie weitgehend verdammte. Diese Verurteilung wirkte bis weit ins 20. Jahrhundert nach, da sich Teile der Literaturgeschichtsschreibung das Verdikt zu eigen machten, was eine vorurteilsfreie Auseinandersetzung erschwerte. Von der galanten Dichtung des ausgehenden 17. und beginnenden 18. Jahrhunderts zu behaupten, sie sei nur frivol, greift zu kurz. Ein solches Urteil berücksichtigt weder den auf mehreren Ebenen geführten Liebesdiskurs noch die Sexualethik des ausgehenden 17. Jahrhunderts. Aus ihnen können wir ablesen, daß zu damaliger Zeit das Sexuelle noch nicht so genital fixiert war, wie es heute der Fall ist. Andererseits war das Genitale so beschreibbar, wie wir es in einigen dieser Gedichte finden, z. B. in Bessers *Ruhestatt der Liebe* oder in Hölmanns *Abbildungen der Schoß*, wobei betont werden muß, daß dies weder als anstößig oder unsittlich noch als sexuell erregend eingestuft wurde. Der Philosoph Leibniz bewunderte Bessers Gedicht, weil es mit Anstand darstelle, und zeigte es der Prinzessin von Hannover, die eine Abschrift davon an die Herzogin von Orléans sandte.[41] Weiterhin muß festgehalten werden, daß der Sexus nicht in dem späteren Ausmaß tabuisiert war.

Letztendlich zeigt sich in diesen Gedichten eine Gegenposition zu den Lehren und Verhaltensanweisungen der orthodoxen Kirchen. Es ist ein Zeichen der Auflehnung gegen deren restriktive Vorschriften, wenn hier das »Lustprinzip« verfolgt wird, wenn unterschiedliche Koituspositionen, Koitus interruptus (z. B. in *Die verliebte Sehnsucht*) und Masturbation (z. B. in Corvinus' *Als er ihretwegen einen schweren Traum hatte*) vorurteilslos und ohne Verurteilung thematisiert werden. Während Kirchenlehrer durch die stete Betonung der Sündhaftigkeit des Sexualaktes Schuldgefühle erweckten und psychische Störungen auslösten, betonen unsere Autoren das Lustvolle und Genußbringende menschlicher Sexualität. Selbst die psychotherapeutische Funktion des Geschlechtsaktes wird herausgestellt (am Schluß von Bessers *Ruhestatt der Liebe*: »Sorgengrab«), eine Erkenntnis, die den Bewertungen des Koitus durch die Kirchen diametral entgegensteht und durch die Tabuisierung des Sexuellen später verlorenging. Mit einer solchen Erkenntnis ergänzt Besser die Auffassung moderner Mediziner seiner Zeit, die die Ursache für mancherlei Erkrankungen in erzwungener Enthaltsamkeit sahen und die Notwendigkeit des Koitus wegen seiner therapeutischen Wirkung betonten.[42] Indem die Autoren dieser Gedichte Sexualität in der in unseren Texten demonstrierten Form thematisieren, das »Unaussprechliche«, das »uns« zu den Frauen hinziehe, wie Goethe einmal formuliert,[43] aussprechen, indem sie Eros und Sexus feiern, beziehen sie also eine entschiedene Oppositionsstellung zur Auffassung der orthodoxen Kirchen, rebellieren sie gegen Verurteilung, Unterdrückung und Reglementierung der Sexualität. Die Betonung der Natürlichkeit des Geschlechtstriebes und die rationale Argumentation tragen Spuren der Frühaufklärung an sich. Doch schon bald meldete sich von moralischer Seite Kritik an der galanten Dichtung, der man vorwarf, den Menschen ins Verderben stürzen, dem Teufel ausliefern zu wollen. Stellvertretend sei aus Gottfried Ephraim Scheibels Schrift *Die Unerkannte Sünden Der Poeten Welche man Sowohl in ihren Schrifften als in ihrem Leben wahrnimmt* zitiert, in der es heißt:

Die Brüste, welche sie betasten, die Schoß, welche sie durchwühlen, worinnen sie, welches recht Gotteslästerlich, bey ihrem Engel sich wie im Paradieße vergnügen, zeigen klär-

116

lich an, welches Geistes Kinder sie seyn. Was vor ein teuff-
lisches Verlangen haben sie doch[,] ihre Geliebte nackend zu
sehen, und was vor höllische Bewegungs-Gründe führen sie
nicht an[,] ihre Clelie, wenn sie auch gleich gerne keusch
seyn wollte, zu überreden, daß sie sich nichts daraus mache,
wenn sie gleich ein wenig zu weit greiffen, sie wär ein Ge-
lobtes-Land, dessen herrliche Früchte sie wünschten zu
geniessen, es wär alles menschlich, worzu wär alles erschaf-
fen als zum Gebrauche.[44]

Kritik solcher Art wurde vorherrschend. Die Verbürgerlichung
von Kunst und Literatur im Deutschland des 18. Jahrhunderts
tat ein übriges dazu, daß das gewonnene Terrain wieder aufge-
geben wurde. In seinem kulturellen Emanzipationsprozeß be-
gann das Bürgertum gegen den Adel ein Tugend-Laster-Modell
zu entwickeln, in dem als Merkmal des höfischen Adels Laster-
haftigkeit, als Eigenschaft des bürgerlichen Menschen und eines
hofkritischen Adels tugendhaftes Verhalten herausgestellt wur-
de. Dieses Modell führte zu einem Tugendkult, der zur Folge
hatte, daß entgegen ersten Ansätzen um 1700, die Beurteilung
und Regulation menschlichen Sexualverhaltens von kirchlicher
Bevormundung zu befreien und den Gesetzen der Vernunft zu
unterstellen, die Sexualität erneut verfemt und tabuisiert wur-
de. Dieser hauptsächlich in der Literatur betriebende Tugend-
kult, der aus (vornehmlich weiblichen) Menschen Heilige ma-
chen wollte, stufte nun den Sexualtrieb als anarchisch ein,
tabuisierte alles Sexuelle und strafte zur Abschreckung jede
Tabuverletzung hart. Goethe, obwohl in unmittelbarem Um-
kreis eines Hofes schreibend, sah sich den bürgerlichen Normen
unterworfen. Sein »nacketer Amor« verstieß nun nicht nur ge-
gen Anstand und Moral, sondern allein schon gegen den guten
Geschmack. Das 19. Jahrhundert schließlich stilisierte Prüderie
zum hervorstechenden Merkmal des bürgerlichen Menschen.

1 Goethe, Johann Wolfgang: *Erotische Gedichte.* Hrsg. von Andreas Ammer. Frankfurt/Main, Leipzig 1991 (it 1225), S. 46 f.

2 Vgl. zur Liebesauffassung und zum Liebesdiskurs im 17. Jahrhundert: Kluckhohn, Paul: *Die Auffassung der Liebe in der Literatur des 18. Jahrhunderts und in der deutschen Romantik.* 3., unv. Aufl. Tübingen 1966; Schneiders, Werner: *Naturrecht und Liebesethik.* Hildesheim, New York 1971; Leibbrand, Annemarie und Werner: *Formen des Eros. Kultur- und Geistesgeschichte der Liebe.* Bd. 2: *Von der Reformation bis zur »sexuellen Revolution«.* Freiburg, München 1972; *Geschichte der Frauen.* Hrsg. von Georges Duby und Michelle Perrot. Bd. 3: *Frühe Neuzeit.* Frankfurt/Main 1994. – Die bekannten Bücher von Michel Foucault (*Sexualität und Wahrheit.* Bd. 1 ff. Frankfurt/Main 1977 ff.) und Niklas Luhmann (*Liebe als Passion.* Frankfurt/Main 1982 u. ö.) gehen auf die deutsche Literatur des 17. Jahrhunderts nicht ein.

3 Vgl. dazu Kluckhohn (Anm. 2), S. 119 ff.

4 Vgl. Leibbrand (Anm. 2), S. 119.

5 Vgl. Leibbrand (Anm. 2), S. 67 ff.

6 Ebd., S. 99.

7 Ebd., S. 122.

8 Vgl. *Geschichte der Frauen* (Anm. 2), S. 85 ff.

9 Ebd., S. 87.

10 Vgl. dazu: Laqueur, Thomas: *Auf den Leib geschrieben. Die Inszenierung der Geschlechter von der Antike bis Freud.* Frankfurt/Main, New York 1992.

11 Am Ausgang des 18. und zu Beginn des 19. Jahrhunderts wird die Behauptung aufgestellt, der Gedanke an sexuelle Lust bei Frauen sei eine »niederträchtige Verleumdung«. Man vergleiche auch S. Freuds Standpunkt und den seiner Schülerinnen Helene Deutsch und Marie Bonaparte (in knapper Zusammenfassung dargestellt in: *Psychoanalyse der weiblichen Sexualität.* Hrsg. von Janine Chasseguet-Smirgel. Frankfurt/Main 1974). Einen Überblick aus medizinhistorischer Sicht gibt Laqueur (Anm. 10), S. 207-219.

12 *Geschichte der Frauen* (Anm. 2), S. 87.

13 Thomasius, Christian: *Kleine Teutsche Schriften.* Halle 1701, S. 334.

14 Ebd., S. 326.

15 *Von der Kunst Vernünfftig und Tugendhafft zu lieben. Als dem eintzigen Mittel zu einen glückseligen, galanten und vergnügten Leben zu gelangen, Oder Einleitung zur Sitten Lehre.* Halle 1692 (Nachdruck: Hildesheim 1968). Vgl. zum folgenden Schneiders (Anm. 2), S. 169 ff.

16 Schneiders (Anm. 2), S. 177.

17 *Einleitung zur Sittenlehre* (Anm. 15), S. 181.

18 Ebd., S. 178 ff.

19 Ebd., S. 180.

20 Zu den Frauenkatalogen und den Bildungsbemühungen um die Frau vgl. *Emanzipation und Literatur.* Hrsg. von Hansjürgen Blinn. Frankfurt/Main 1984, S. 18 ff. und die dort angegebene Literatur.

21 So Aelius Donatus in seinem Kommentar zum *Eunuchus* des Terenz (vgl. dazu Heinz Schlaffer: *Musa iocosa. Gattungspoetik und Gattungsgeschichte der erotischen Dichtung in Deutschland.* Stuttgart 1971, S. 77).

22 Zur zeitgenössischen Bedeutung von »galant« vgl. Zedlers *Großes vollständiges Universal-Lexikon aller Wissenschaften und Künste.* 64 Bde. und 4 Suppl.-Bde. Halle 1732-1754 (Bd. X, S. 78 f.) und *Der galante Stil.* Hrsg. von Conrad Wiedemann. Tübingen 1969 (Deutsche Texte, 11).

23 Vgl. dazu Norbert Elias: *Das Schicksal der deutschen Barocklyrik. Zwischen höfischer und bürgerlicher Tradition.* In: *Merkur* 41, 1987, S. 451-468.

24 Elias (Anm. 23), S. 458.

25 Ebd., S. 466 f.

26 Vgl. zur Diskussion des Lyrikbegriffs die neueren referierenden Arbeiten von Otto Knörrich (*Lexikon lyrischer Formen.* Stuttgart 1992; Einleitung) und Dieter Burdorf (*Einführung in die Gedichtanalyse.* Stuttgart 1995), insbesondere zur Lyrik des 17. Jahrhunderts die Arbeit von Dietmar Jaegle: *Das Subjekt im und als Gedicht. Eine Theorie des lyrischen Text-Subjekts am Beispiel deutscher und englischer Gedichte des 17. Jahrhunderts.* Stuttgart 1995.

27 Über Barockgedichte als »Gelegenheitsgedichte« vgl. u. a. Urs Herzog: *Deutsche Barocklyrik.* München 1979; Browning, Robert M.: *Deutsche Lyrik des Barock. 1618-1723.* Stuttgart 1980.

28 Angelus Silesius: *Sämtliche poetische Werke und eine Auswahl aus seinen*

Streitschriften. Hrsg. von Georg Ellinger. 2 Bde. Berlin o. J., Bd. II, S. 71 f., 86 f., 127 f., 262 f., 273 f.

29 Zum galanten Roman vgl. die einführenden Arbeiten von Herbert Singer (*Der galante Roman.* Stuttgart [2]1966) und Hans Gerd Rötzer (*Der Roman des Barock.* München 1972).

30 Eine kritische Ausgabe dieser Anthologie erschien im Max Niemeyer Verlag Tübingen (1961-1991). Die Einleitung der einzelnen Bände informiert jeweils über Druckgeschichte und Neuauflagen.

31 Die Geschichte der Zensur in Deutschland zeigt, daß als Folge von Konfessionsstreit und Religionskriegen zunächst hauptsächlich religiöse Schriften zensiert wurden, um dem theologisch-religiösen Gegner die Möglichkeit der Wirkung zu nehmen. Vgl. dazu Dieter Breuer: *Geschichte der literarischen Zensur in Deutschland.* Heidelberg 1982.

32 Zur Reaktion auf offensichtliche Kritik vgl. die Einleitung des ersten Bandes der kritischen Ausgabe (Bd. I, S. X-XII). Die bei Erscheinen des ersten Bandes beanstandeten Gedichte konnten ohne weiteres in den Nach- und Neudrucken verbleiben bzw. wieder in sie aufgenommen werden.

33 Vgl. dazu auch Helmut Heißenbüttels Vorwort zu: Christian Hofmann von Hofmannswaldau: *Gedichte.* Frankfurt/Main 1968 (Fischer Bücherei 874), S. 23 ff.

34 Zur Metaphorik vgl. Joachim Schöberl: *»lilien = milch und rosen = purpur«. Die Metaphorik in der galanten Lyrik des Spätbarock. Untersuchung zur Neukirchschen Sammlung.* Frankfurt/Main 1972.

35 Zum zeittypischen Tausch der Dinge zwischen Liebenden vgl. *Geschichte des privaten Lebens.* Hrsg. von Philippe Ariès und Georges Duby. Bd. 3: *Von der Renaissance zur Aufklärung.* Frankfurt/Main 1995, S. 248 ff. – Christian Gryphius' Gedicht *Falsche Doris* gibt uns ein anschauliches Bild davon.

36 Zur Funktion der Liebespfänder in der petrarkistischen Lyrik vgl. Kurt Wölfel: *Die Kostbarkeiten der Geliebten. Über Pretiosenmotivik in der Liebeslyrik des 17. Jahrhunderts. In: Liebe als Literatur. Aufsätze zur erotischen Dichtung in Deutschland.* Hrsg. von Rüdiger Krohn. München 1983, S. 209-231.

37 Vgl. dazu Kluckhohn (Anm. 2), S. 121.

38 So etwa in Bessers Gedicht *Komm, Philirose, schau die Nacht* oder in Hoffmannswaldaus *An die Phillis.*

39 Browning (Anm. 27), S. 152.

40 Heiduk, Franz: *Die Dichter der galanten Lyrik. Studien zur Neukirch-schen Sammlung.* Bern, München 1971, S. 99, 146.

41 Browning (Anm. 27), S. 182.

42 Vgl. Leibbrand (Anm. 2), S. 253 ff.

43 Zu Eckermann, 2. Januar 1824 (J. W. Goethe: *Sämtliche Werke nach Epochen seines Schaffens.* Hrsg. von Karl Richter. Bd. 19. München 1986, S. 486.

44 Leipzig 1734, S. 160 f. (zitiert nach Schöberl [Anm. 34], S. 139).

Editorische Notiz

Diese Auswahl erotischer Gedichte des 17. und beginnenden 18. Jahrhunderts richtet sich nicht an Philologen (deshalb wird auch im Nachwort die umstrittene Autorschaft einzelner Texte nicht diskutiert). Sie möchte literaturinteressierte Leserinnen und Leser erreichen, um ihnen Gedichte zu erschließen, die bislang nur sehr selten, einige von ihnen überhaupt noch nicht, in einer modernisierten Schreibweise vorlagen. Wenn diese Gedichte bisher publiziert wurden, dann meist in der Orthographie und Interpunktion der Originalausgaben des 17. Jahrhunderts (die in vielen Fällen aber nicht den Autorwillen spiegeln, sondern Druckerwillkür folgen). Das bewahrte zwar die Patina dieser alten Texte, erschwerte aber oder verhinderte gar einen unvermittelten, freien Zugang zu ihnen und verwies sie in das Reservat germanistisch-philologischer Behandlung. Die Anpassung der Schreibweise an heutige Orthographie- und Interpunktionsregeln erfolgte unter dem Gesichtspunkt, solche Rezeptionshemmnisse abzubauen. Oberstes Prinzip war die Lesbarkeit. Doch wurde immer nur mit der gebotenen Behutsamkeit eingegriffen, der Lautstand nach Möglichkeit gewahrt. Zeittypische Wörter wie *Marmel* (= Marmor), *Demant* (= Diamant), *Julep* (= Rosenwasser als Arzneitrank), *kreißen* (= schreien), *vor* (= für) oder Pluralbildungen (z. B. *Dörner* anstatt Dornen) und ähnliche Besonderheiten wurden nicht verändert.

Johann von Besser (1654-1729); aus Kurland stammender Dichter, der am preußischen Hof unter Friedrich III. hohe Ämter innehatte (Zeremonienmeister und Hofrat); verfaßte Singspiele, Ballette und Gelegenheitsgedichte. Ab 1717 als Kriegsrat und Zeremonienmeister Augusts des Starken am sächsischen Hof. – Ausgabe: *Schrifften.* Leipzig 1732.

Gottlieb Siegmund Corvinus (1677-1746; Pseudonym: *Amaranthes*); Notar und Advokat, schrieb Gedichte, einen Roman (*Das Carneval der Liebe*, 1712), poetologische Schriften und ein *Nutzbares, galantes und curiöses Frauenzimmer-Lexicon* (1715). – Ausgabe: *Proben der Poesie in Galanten-, Verliebten-, Vermischten-, Schertz- und Satyrischen Gedichten, abgelegt von Amaranthes.* 2 Bde. Frankfurt/Main und Leipzig 1710-1711.

Simon Dach (1605-1659); Königsberger Dichter und Professor der Poesie an der dortigen Universität, bedeutendstes Mitglied des Königsberger Dichterkreises; schuf zahlreiche Gelegenheitsdichtungen in lateinischer und deutscher Sprache, von denen viele durch seine Freundschaft und Zusammenarbeit mit dem Komponisten Heinrich Albert vertont wurden; schrieb auch Singspiele und Kirchenlieder. – Ausgabe: *Gedichte.* Kritische Ausgabe. Hrsg. von Walther Ziesemer. 4 Bde. Halle 1936-1938.

Christian Gryphius (1649-1706); schlesischer Dichter, Gymnasialprofessor und Gelehrter, Sohn von Andreas Gryphius, dessen Werke er herausgab; schrieb Gedichte, Dramen, Satiren und Epigramme. – Ausgabe: *Teutsche Gedichte.* 1698.

Christian Hölmann (1677-1744); schlesischer Dichter, Dr. phil. und med., Arzt, kämpfte unermüdlich gegen die Pest; schrieb Gelegenheitsgedichte (Liebes-, Schäfer-, Hochzeits-, Begräbnis- und Sinngedichte). Sein realistisches Beobachtungsvermögen, der Sinn für witzige Pointen und ein Hang zur Galanterie sind die Kennzeichen seiner Poesie. – Ausgabe: *Galante Gedichte.* Hrsg. von Franz Heiduk. München 1969.

Christian Hoffmann von Hoffmannswaldau (1616-1679); schlesischer Dichter, Begründer der deutschsprachigen galanten Dichtung, Mittelpunkt des geistig-geselligen Lebens Breslaus; hatte hohe öffentliche Ämter inne (Ratsschöffe, Ratsherr, Kaiserlicher Rat, Ratspräses); Verfechter protestantischer Interessen im Zeitalter der Gegenreformation. Verfasser zahlreicher Gelegenheitsgedichte, geistlicher Lieder und Epigramme; als sein Hauptwerk gelten die *Helden-Briefe*, in denen er in einer äußerst zuchtvollen Sprache, eingekleidet in eine scharfsinnige Metaphorik, erotische Wünsche und Handlungen beschreibt. – Ausgabe: *Sämtliche Werke.* Hrsg. von Franz Heiduk. Hildesheim 1984 ff. – *Herrn von Hoffmanswaldau und andrer Deutschen auserlesener und bißher ungedruckter Gedichte erster [bis siebender] Theil.* Kritische Ausgabe. Tübingen 1961-1991.

Heinrich Mühlpfort (1639-1681); schlesischer Lyriker, Studium der Philosophie, Medizin und Jurisprudenz (Dr. iur.); zeitweilig Hauslehrer bei verschiedenen adeligen Familien; dann Registrator und Stadtsekretär in Breslau; schrieb Gedichte (vor allem Liebes-, erotische und satirische Gedichte). – Ausgabe: *Teutsche Gedichte.* 2 Bde. 1686 bis 1687. – *Teutsche Gedichte.* 1698.

Benjamin Neukirch (1665-1729); schlesischer Lyriker und Übersetzer, zunächst Advokat in Breslau, dann Hofmeister, ab 1703 Professor der Poesie in Berlin, ab 1718 als Hofrat Prinzenerzieher in Ansbach; schrieb zahlreiche Gedichte, einen *Unterricht von Teutschen Briefen* und übersetzte Fénelons *Telemach.* Bekannt wurde er durch seine Anthologie *Herrn von Hoffmanswaldau und anderer Deutscher [...] Gedichte,* deren erste drei Bände er zusammenstellte. – Ausgabe: *Auserlesene Gedichte.* Hrsg. von Johann Christoph Gottsched. Regensburg 1744.

Erdmann Neumeister (1671-1756); Dichter und Theologe, ab 1715 Hauptpastor in Hamburg; schrieb Gelegenheitsgedichte, zahlreiche Kirchenlieder, Andachten, Predigten. Mit *De Poeticis Germanicis* (1695) legte er den ersten Versuch einer kritischen deutschen Literaturgeschichte vor; besonders erfolgreich war die ohne sein Wissen von Hunold edierte Poetik *Allerneuste Art zur reinen und galanten Poesie zu gelangen* (1707).

David Schirmer (1623-1687); sächsischer Lyriker, Ballett- und Theater-autor, Hofdichter und Hofbibliothekar zu Dresden; schrieb Liebes-lieder, Sonette und Epigramme. – Ausgaben: *Rosen-Gepüsche*. Halle 1650; *Singende Rosen*. Dresden 1654.

Alphabetisches Verzeichnis der Gedichtüberschriften bzw. -anfänge, zugleich Verzeichnis der Vorlagen

Fast alle Gedichte sind der umfangreichsten Sammlung der Lyrik des 17. und beginnenden 18. Jahrhunderts entnommen, der von Benjamin Neukirch edierten Anthologie *Herrn von Hoffmanswaldau und andrer Deutschen auserlesener und bißher ungedruckter Gedichte erster [bis siebender] Theil.* Sie erschien mit leichten Variationen im Titel bei unterschiedlichen Verlegern von 1695 bis 1727. Über die Druck- und Zensurgeschichte informieren die Einleitungen zu den sieben Bänden der Kritischen Ausgabe, die von 1961 bis 1991 im Max Niemeyer Verlag in Tübingen erschien. Auf diese Ausgabe verweisen die Band- und Seitenzahlen dieses Verzeichnisses.

Lyrik
im insel taschenbuch